별것이 다
추억이 되고
그립다

경남산문선 093

이 동 실
수 필 집

별것이 다
추억이 되고
그립다

작가의 말

거실로 들여다 놓은 화초와 눈을 맞춘다. 지난여름, 미래를 향한 절박한 경고로 다가왔던 혹독한 더위와 뙤약볕. 그 아래, 꽃기린은 잎을 떨구며 꽃송이가 줄어가고, 염좌는 익어버린 듯 얼룩얼룩 상처가 생기고, 인삼 벤자민 가지는 비틀리며 애를 태웠다. 그 고통 속에서도 화초는 스스로 하늘을 펼치고 파란 바람을 마시며 다가오는 시간을 준비했던가 보다. 잎이 반지르르하게 윤기를 머금었다. 그 푸른빛 속에는 고요한 침묵의 힘이 느껴진다. 앞으로 내 글도 화초를 닮아가면 좋겠다.

글은 쓸수록 점점 더 어려웠다. 입안에서 뱅그르르 돌기만 하는 말처럼, 생각이 글이 되지 못해 애가 탈 때는 담금질이 필요했다. 그러다가 가슴을 뚫고 들어온 이야기에서 싹이 트고 새잎이 돋아나기 시작하면 부족한 대로 비로소 한 편의 글이 완성된다. 그 기뿜이. 비록 재능은 부족하지만 실낱같은 글쓰기의 끈을 놓지 못하는 이유다.

　내 글은 특별할 것도 대단한 것도 없다. 가족과 이웃의 일상에서 건져 올린 소소한 이야기를 풀어놓았다. 그런 이야기를 한 편씩 차근차근 써 놓은 것을 묶었다. 막상 발간하려니 내가 벌거숭이가 되는 듯 쑥스럽기도 하다.
　버팀목이 되어준 남편과 항상 격려를 아끼지 않는 사랑하는 큰딸, 작은딸, 아들 그리고 문우들께도 고마움을 전한다.

이천이십오년. 이월 햇살이 고운 날
이동실 올림

| 차례

작가의 말 • 4

제1부 꿈속에 뵈옵고

찻잔에 담긴 사랑	— 12
전용 수선집	— 17
처갓집 말뚝	— 21
쑥 향은 사랑을 타고	— 26
마지막 잎새	— 30
삼채와 삼체	— 35
어머니	— 39
어머니와 복숭아	— 44
꿈속에 뵈옵고	— 48
어머니의 '국시기'	— 51
감자를 캐며	— 55
'밀키스' 내 동생	— 60
어머니의 사랑법	— 65

제2부 내 몸에 핀 꽃

불티	— 72
고통의 무게	— 77
나는 누구인가	— 82
젊은 날의 꿈	— 87
별것이 다 추억이 되고 그립다	— 91
장어 이야기	— 95
코로나19 소동	— 100
새로운 출발을 위하여	— 105
희망으로 가는 기준	— 109
내 몸에 핀 꽃	— 114

제3부 노부부와 자장면

거리 두기	— 120
역할극	— 125
그게 뭣이라꼬	— 130
변해가는 시장 인심	— 135
발 인사 나누는 사이	— 139
노부부와 자장면	— 144
어느 노모의 바람	— 148
연민	— 154
미니 액자	— 159
힐링 여행	— 164

제4부 비 오는 날의 단상

노을처럼	— 170
비 오는 날의 단상	— 175
늪의 노래를 듣다	— 180
해저터널	— 184
말리 부인을 만나다	— 188
연륜에서 배우다	— 193
멸치론	— 197
한국의 히로시마	— 202
변곡점	— 207
그 남자가 사는 법	— 212

제 1 부

꿈속에 뵈옵고

찻잔에 담긴 사랑 • 전용 수선집 • 처갓집 말뚝 • 쑥 향은 사랑을 타고 • 마지막 잎새 • 삼채와 삼체 • 어머니 • 어머니와 복숭아 • 꿈속에 뵈옵고 • 어머니의 '국시기' • 감자를 캐며 • '밀키스' 내 동생 • 어머니의 사랑법

찻잔에 담긴 사랑

　우리 부부는 가끔 식사 후 함께 차를 마시며 그날 있었던 일을 이야기할 때가 있다. 소소한 일이지만, 시간을 공유할 수 있음에 감사하고 행복하다. 오늘은 무슨 차를 마실까 생각하다가 오미자차를 마시고 싶다고 은근슬쩍 말했더니 남편이 일어서며 물었다.
　"오미자 어디 있노? 액은 얼마만큼 부어야 하고 어떤 잔에 해야 하노?"
　설명하는 게 더 번거로울 것 같아 일어서다 책장 옆, 키 작은 장식장 앞에서 멈췄다. 나의 보물 창고, 내 나름대로 인연 있는 물건을 넣어 보관하는 곳 찻잔 하나가 눈길을 끌었다. 흰색 바탕에 빨간 테를 두른 미니 찻잔이 나를 오래전 시간 속으로 몰아넣었다.
　시아버지는 경찰 공무원이었다. 집에서 한 시간 남짓 거리인 해

인사 근처 '가야 파출소장'으로 근무할 때의 일이다. 가야는 도예가 발달해 생활 자기와 고급 도자기를 생산하는 이름난 곳이었다. 관사에서 생활하는 시아버지를 위해 어머니는 일주일에 한두 번씩 반찬을 마련해 그곳으로 가곤 했다. 아버님이 본가로 오는 날은 시할아버지께서 편찮거나 집안 대소사나 본서에 회의가 있는 특별한 날이었다.

신혼 시절, 오전 학원 수업을 마치고 점심을 먹으러 집에 들렀다. 큰 대문이 있는 시댁 마당 한가운데는 아담한 화단이 있었다. 식사 후 맨발로 화초에 물을 주며 더위를 식히고 있는 그때, 제복 차림의 아버님이 대문으로 쑥 들어서는 게 아닌가. 화들짝 놀란 나는 화초를 손질하던 어머니 등에 찰떡처럼 바짝 붙었다. 그 모습을 본 아버님은 서운했던가 보다.

온다는 기별도 없이 어쩐 일이냐는 시어머니의 반색에도 대청에 앉아 한동안 말씀이 없었다. 얼굴이 홍당무가 된 나는 얼른 수박화채를 만들어 대청마루로 석고대죄하듯 올라섰다. 맨발인 제 모습이 부끄러워 그랬다며 애교까지 담아 드렸다. 그제야 제복 호주머니에서 불룩한 무언가를 꺼냈다. 곧고 깔끔한 당신 성품으론 상상할 수 없는 일이었지만, 포장지에 돌돌 말린 찻잔 한 쌍을 건네주며 마음에 드느냐고 물었다. 정갈한 미니 찻잔 한 쌍이었다. 깜찍하고 앙증스러운 찻잔을 손바닥 위에 올려놓고 좋아하는 내 모습을 보며 당신도 흐뭇해 하셨다.

어쩌다 마음이 울울할 때나
아버님이 그리울 때
찻잔을 보면
당신을 뵌 듯 가슴이 따뜻해졌다.

점잖은 체면에도 며느리 생각만으로 찻잔 한 쌍을 호주머니에 넣어 무더운 뙤약볕을 뚫고 내 점심시간에 맞춰 온 것이다. 그로부터 열흘 후였다. 아버지께서 똑같은 미니 찻잔 아홉 쌍을 더 가져왔다. 학원을 운영하면서도 대가족 생활을 군소리 없이 해주는 며느리가 고마워 주문 제작한 것이라 했다. 뭉클한 열기가 가슴을 타고 올랐다. 마음을 뜨겁게 달구었던 찻잔 열 쌍을 정성스럽게 닦아 장식장에 진열해 두고 필요할 때마다 요긴하게 사용했다.

당신 살아생전에도 아꼈는데, 돌아가시고 나니 그 찻잔은 유품이 되어 더욱 소중하게 여겼다. 어쩌다 마음이 울울할 때나 아버님이 그리울 때 찻잔을 보면 당신을 뵌 듯 가슴이 따뜻해졌다.

그렇게 애지중지하는 내 마음을 알 리 없는 아이들은 찻잔을 쓰자며 졸라댔다. 큰딸이 대학생이 되고 자취를 시작하면서 커피잔 한 쌍을 달라고 했다.

"이 잔은 그냥 찻잔이 아니라 할아버지의 유품이란다. 소중하게 간직했으면 좋겠다."

아들과 작은딸에게도 각각 세 쌍씩을 나눠주기로 마음먹었고, 얼마 후 제 몫들을 다 챙겨갔다. 이제 내 품에 남은 건 한 쌍뿐이다.

찻잔을 자녀들과 나누어 가지니 마음이 더 풍성해지는 것 같았다. 아이들도 그 잔을 나만큼이나 소중하게 여겼다. 아버님과 나, 자녀들까지 3대가 '찻잔'으로 단단히 연결된 것 같아 뿌듯했다.

"마님! 오미자차 대령했소!"

남편의 말에 상념에서 깨어났다. 무뚝뚝한 남편의 목소리가 자상한 아버님을 닮았다. 미니 찻잔에 차를 담아 마시며 정이 익어가는 시간이다. 소중하고 귀여운 잔은 쪼르륵 소리를 내며 오미자차를 담았고 우리는 한 모금씩 나누어 마셨다. 오미자의 예쁜 빛깔과 시아버지의 사랑까지 합쳐져 맛과 향은 배가 되었다.

아무것도 첨가하지 않은 흰색 바탕에 뜨거운 심장 같은 빨간 테를 두른 찻잔에 깊은 사랑을 담아 주신 시아버지가 오늘따라 더 그립다.

전용 수선집

지난여름, 무더위가 끝날 무렵이었다. 큰딸이 동생 이불 빨래를 도와주러 간다더니 작은딸 치마 하나를 들고 왔다. 다음에 집에 올 때 가져갈 수 있도록 고쳐주면 좋겠다고 말한 걸 잊고 있다가 딸이 온다는 전화를 받고서야 다급해졌다.

종이 가방에 담은 채 밀쳐둔 옷을 꺼내 보았다. 어디에 걸렸던 걸까. 새발뜨기해 놓은 한쪽 부분이 사라지고 치맛단까지 뜯어져 있었다. 붙어 있던 남은 부분까지 모두 뜯어내고 정성을 다했다. 처음 해본 수선치고는 그럴듯했다. 딸아이가 그걸 보고는 세탁소 안 가길 잘했다며 흡족해했다. 얼마 후 겨울 치마 하나를 고쳐 달라며 또 가져왔다.

앞트임으로 된 회색 코르덴 치마였다. 솔기가 뜯어져서 스스로 고쳐볼까 했는데 엄두가 나지 않더란다. 치마는 편하게 입을 수 있는 바지와 달리 다소곳하게 격식을 갖추어야 할 자리에 제격인 옷이다. A라인으로 치마폭이 좁아서 걸음도 얌전하게 걸어야 한다. 선머슴애처럼 걷지 말고 반듯하게 걸어야 한다고 잔소리를 얹어 놓고선 폭이 넓지 않으니 불편할까 살짝 걱정도 된다.

청소년기에 들어서면서부터 딸이 입은 치마는 중고등학교 시절 교복이 전부였을 게다. 있었다 하더라도 가뭄에 콩 나듯 드문 일이었다. 대학생일 때 숙녀답게 치마도 입고 화장도 하고 구두도 신고 다니는 모습을 보고 싶다고 말하면, 딸은 꼰대 엄마라는 반응을 여지없이 날리곤 했다. 때가 되면 알아서 할 테니 걱정은 붙들어 매라며 티와 바지를 즐겨 입었다. 그런 딸애가 직장에 다니고부터는 정장 입을 일이 더러 있었다. 딸아이는 필시 이 치마를 중요한 자리에서 입었을 터이다. 그런데 솔기가 터졌으니 얼마나 민망했을꼬. 당황했을 딸애 얼굴이 그려진다.

딸아이는 고등학교 때 기숙학교 생활을 했다. 대학교 때도 기숙사 생활을 하고 졸업 후엔 취준생으로 바쁘다 보니 그다지 집에 머물 시간이 없었다. 이런저런 일들을 생각하니 너무 일찍 내 품을 떠나 보낸 것 같아 딸에게 미안한 마음이 든다. 곁에서 살뜰하게 챙겨주지 못한 아쉬움이 항상 마음 한편에 남아 있다.

딸아이가 언젠가 어릴 적 일이라면서 말했다.

"엄마, 할 말이 있어."라고 하면 "엄마 지금 바쁘니 나중에 보자."

라고 할 때가 많았단다. 그럴 때면 '우리 엄마도 집에 있으면 좋겠다.'라고 생각했다는 말을 들을 때 딸에게 죄인이 된 기분이었다. 시간을 돌릴 수 있다면 온종일 어떤 말이라도 다 들어줄 수 있을 텐데…. 딸아이의 말을 귀담아 들어주지 못한 것을 이제야 반성한다. 공부하라고 다그치지 말고 눈높이를 맞춰 딸아이의 이야기를 잘 들어줄 걸 후회가 된다. 바쁜 엄마를 대신해 김치볶음밥을 해 놓고 감자를 좋아한다고 감자전을 해 놓고 기다리던 딸이었다. 그 아이에게 따뜻한 말 한마디와 충분히 칭찬해 주지 못한 것도 명치끝에 머물고 아려온다.

바늘에 실을 꿰어 터진 부분을 기웠다. 바느질해 본 경험이 거의 없다는 걸 모를 리 없는 딸아이의 부탁을 거절하고 싶지 않았다. 세탁소에 맡기면 뚝딱 해결되겠지만 막내를 위해 한 땀 한 땀 정성을 들이는 모정의 시간이다.

딸은 내게 옷을 맡기기만 하면 감쪽같이 매끈해지니 신기하단다. 자신의 전용 수선집이 되어 달란다. 1호 단골손님이 되겠다고 너스레를 떤다. 그래 엄마도 대환영이다. 수선된 옷을 입고 거울 앞에서 행복해 하는 걸 보니, 딸아이에게 진 마음의 빚을 조금이나마 탕감받는 것 같다.

딸은 올해 고3 담임이 되어 눈코 뜰 새가 없다고 엄살이다. 어느새 이렇게 성장해서 자신의 삶을 당당하게 이어가고 있으니 보기만 해도 뿌듯하다. 자기 일에 집중하느라 집에도 자주 못 오니 안쓰럽기도 하지만, 씩씩하게 맡은 일을 해내는 딸이 대견하고 고맙다.

　요즘 교육 현장은 스승다운 교사도 드물고 제자다운 학생도 보기 힘들다는 한숨 소리가 높다. 그러나 자랑스러운 내 딸은 터져 버린 치맛단처럼 난감한 아이들에게 따뜻한 선생님이 되어주길 바란다. 현실을 매끈하게 꿰매주진 못하더라도 학생들의 단골 수선집이 되어 아픈 마음을 보듬어줄 줄 아는 교사가 되었으면 좋겠다.

　딸아이도 엄마가 손질해 준 옷을 입고 거친 세상을 지혜롭게 헤쳐나갈 것이다. 살다가 불어오는 바람이 차갑기만 하고 어둠이 짙게 느껴질 때는 우수 고객으로 단골 수선집을 찾아주면 좋겠다. 전용 수선집은 연중무휴이니까.

처갓집 말뚝

 마누라가 예쁘면 처갓집 말뚝에도 절을 한다는 속담이 있다. 그런데 남편은 아내인 내가 부족해서인지 처갓집 말뚝에 절하는 시늉은커녕 내색 또한 없었다.
 결혼 후 어른들과 함께 살면서 연년생 아이를 키우는 일은 녹록지 않았다. 게다가 학원을 운영하다 보니 허구한 날 지쳐 있었다. 쉬는 날이면 산해진미도 싫고 잠을 실컷 잤으면 하는 마음뿐이었다. 그러다 보니 특별한 일이 아니면 친정 가는 일도 그리 내켜 하지 않았다.
 그런 나와 달리 남편은 처가에 가는 것을 좋아했다. 서너 시간을 족히 달려 처가에 간들 장모님이 씨암탉을 잡아주며 백년손님 대접을 해 주는 것도 아니었고, 한몫 챙길 재산이 있는 것도 아닌데

말이다. 그리고 이상하게 나 혼자 친정 나들이하는 것을 달가워하지 않았다. 함께 갔다가 남편이 돌아올 땐 어김없이 와야만 했다. 어쩌다 "에미 하룻밤만 더 있다가 가면 안 되겠나?"라는 엄마의 부탁에도 바늘이 가면 실도 따라가야 한다며 나를 앞세우곤 했다. 가족들과 즐겁게 지내다가 잠자리는 꼭 우리만의 독방을 차지하는 사람이 남편이었다. 형제들은 정이 유별나다며 놀렸고, 나는 구속도 이런 구속이 없다며 투정을 부려도 곰 같은 남편은 젊은 사람들이 말하는 간 큰 남자였다.

요즘 추세는 친정 식구들과 여행 다니는 것을 당연시하는 것 같다. 그래서 딸 가진 부모는 비행기를 탄다고들 하지만 그런 일도 나와는 무관한 일이라 여겼다. 친정어머니도 시댁에 잘하는 것이 여자의 본분이라고 귀에 딱지가 앉을 만큼 한결같이 말하지 않았던가. 또 오빠 내외가 어머니를 모시니 살뜰하게 챙기지 않았다.

수년 전 일이다. 동서 살림을 도와주러 시어머니께서 서울로 가셨다. 4대가 함께 살던 때가 엊그제 같은데 애들마저 공부하러 객지로 나가고 우리 부부만 남게 되었다. 무던히도 뜨거웠던 그해 여름. 그이는 올 휴가는 장모님과 함께 간다며 사전 논의도 없이 내게 통보했고, 꿈에도 생각지 못한 일에 당황해하시는 친정어머니를 보쌈하듯 모시고, 푸른 물결 넘실거리는 동해안으로 떠났다.

그렇게 어머니와 함께 휴가를 가는 게 4년째. 어머니의 성품으론 사위 앞에 속옷 차림을 보인다는 것도 큰 용기가 필요한데 이제

이제는 말 없는 남편의 속내를 알 것 같다.
내게 잘해주고 싶은 마음을 일일이 표현하지 못하고
처가라도 데리고 가야겠다는,
자신과 오랜 약속을 미련스레 지켜오고 있었음을.

는 시원한 차림으로 두런두런 살아온 세월을 풀어놓기도 했다. 나는 그 세월을 들으며 어머니 무릎에 누워 오 남매 키우느라 쪼글쪼글해진 엄마의 젖가슴을 만지는 행운까지 누리며 알게 되었다. "나는 괜찮다 걱정하지 마라." 하신 말씀은 "아야, 참 외롭고 허전하더라."라는 당신의 깊은 속내를 곱씹으며 살아오셨다는 것을.

남편은 힘든 곳은 휠체어로 모시고 계단은 손잡아 드리며 어머니를 편하게 모셨다. 거기다 알기 쉽게 설명까지 했다. 수산시장에 들러 가리비와 전복, 돌문어와 백합 등 싱싱한 해산물을 사다 맛있게 요리도 했다. 손질하는 사위의 뒷모습을 지켜보던 엄마는 내 허벅지를 꼬집으며 '니가 해라.'는 눈짓을 보냈지만 나는 짐짓 모른 척 남편이 해주는 요리를 맛있게 먹는 행운도 누렸다.

푸른 파도가 넘실대는 동해를 배경 삼아 남편은 우리 모녀를 모델로 만들었다. 예쁘게 사진을 찍어서 아들과 딸들에게 보내자고 하니 "다 쭈그러진 에미 본들 뭐 하겠노." 하시면서도 손가락 하트를 만들며 소녀 같은 웃음을 지으셨다. 결국 어머니는 숨겨둔 사위 칭찬을 늘어놓았다. "우리 동네 회관에 가서 이바구해 봐도 사우가 해마다 휴가 데리고 댕기는 이는 아무도 없더라. 할마이들이 부러워하더라. 우리 강 서방이 최고라."

어머니는 남편 어깨에 최고의 힘을 실어주셨고, 그는 싱긋 웃으며 건강하시라며 두 손을 꼭 잡아드렸다. 살다 보니 내 가슴을 울컥하게 하는 것은 출렁거리는 동해의 푸른 물결만이 아니었다.

가만히 돌아본다. 부부로 살면서 어찌 좋은 날만 있었으랴. '남편을 중고 가격으로 처분합니다. 쓰던 물건도 덤으로 드릴 테니 필요하신 분은 언제든지 연락해주세요.'라는 유머에 나 또한 공감하고 싶었던 때도 있지 않았던가. 그러나 이제는 말 없는 남편의 속내를 알 것 같다. 내게 잘해주고 싶은 마음을 일일이 표현하지 못하고 처가라도 데리고 가야겠다는, 자신과 오랜 약속을 미련스레 지켜오고 있었음을.

지금은 말할 수 있다.

"내 남편은 팔불출이랍니다. 처갓집 말뚝에 절을 하거든요!"

쑥 향은 사랑을 타고

서울에 사는 동서에게서 전화가 왔다. 우리 내외와 함께 봄맞이 여행을 가고 싶단다. 나는 생각할 것도 없이 우리 집으로 오라고 했다. 서울 토박이 동서는 강과 호수, 들과 산이 어우러져 생명력이 왕성한 시골을 좋아한다. 수화기 너머 동서의 미소가 전해져 왔다.

이부자리를 챙기며 손님맞이에 바빠졌다. 무엇으로 가슴 가득 즐거운 봄을 안겨 줄까. 어떤 음식을 해서 정답게 나눌까. 이런저런 것을 생각하다 쑥떡은 꼭 만들어 주고 싶었다. 쑥에 얽힌 옛일이 떠올라서다.

시집을 오니 시댁은 3대가 한집에 살고 있었다. 시조부께서는 쑥국을 유난스레 좋아하셨다. 봄이 되면 시어머니께서는 쑥에 조개

나 굴, 들깨를 갈아 넣고 쑥국을 끓이기도 하고, 쑥버무리, 쑥 튀김 등을 해주셨다. 그런 날이면 할아버지 밥상은 깨끗이 비워지고 '으흠' 하는 특유의 기침 소리도 맑은 가락을 탔다. 상을 물리시고도 할아버지와 어머니 두 분이 나누는 담소에는 봄이 자리를 옮긴 듯 따뜻했다.

나는 고통의 시간이었다. 그동안은 쑥 향이 너무 진하게 느껴져 먹지 않았는데, 시어머니 앞에서는 쑥국을 두고 어쩔 도리가 없어 먹는 시늉만 했다. 눈치를 챈 어머니는 몸에 좋으니 후루룩 마시라 하셨다. 향기롭다는 쑥국은 한약을 먹는 기분이었다. 어느 날은 어머니 몰래 쑥국을 덜어내다 들켜 야단을 들을 때도 있었다. 그런데 그 세월은 고속 열차를 탄 듯 내가 그때의 어머니가 되어 쑥국을 끓여놓고 아이들을 다그치며 건강을 운운하고 있다.

동서에게도 좋은 쑥을 뜯어 정으로 버무린 떡을 만들어 주고 싶어 남편과 바구니를 챙겨서 들로 나갔다. 들판에 나가면 지천에 쑥일 것이니 한 소쿠리 캐는 것은 일도 아닐 거라 생각했는데 오산이었다. 멀리서 볼 때 파릇한 쑥은 가까이 가면 진눈깨비처럼 깨끗하지도 않고 끝이 말라가는 것도 있었다. 빙빙 돌아다니다 논두렁 아래 마른 풀을 덮고 햇살을 먹은 토실한 쑥을 발견했다.

남편을 불렀다. 노다지가 있다고 소리를 질러도 논둑 끝에 쭈그리고 앉아서 꿈쩍도 하지 않은 채 열중이었다. 결혼해서 지금까지 한 번도 본 적 없는 모습이다. 가족이 모인다니 남편도 신이 난 걸까.

 봄의 나물은 냉이, 달래, 봄동 외에도 많지만, 그중 쑥은 나물 외의 다른 의미가 있다. 겨우내 언 땅이 녹기 시작할 무렵, 천지에 첫 봄비가 내린 뒤 단단한 땅을 비집고 올라오는 짙은 향의 쑥을 먹는다는 것은 바로 봄을 먹는 것이다.

 봄은 생명 순환의 시작을 알린다. 봄을 잘 지내야 이어지는 여름과 가을 그리고 다시 겨울로 돌아갈 때까지 삶의 선순환이 잘 이루어진다. 농사도 봄에 '땅심'을 잘 돋워주는 시작이 중요하고 가축도 봄에 잘 먹여야 모름지기 나머지 과정이 순탄한 것이다.

 한국인과 쑥은 떼려야 뗄 수 없는 관계다. 민족의 기원인 단군 신화에 쑥을 먹고 사람이 된 곰이 우리의 첫 조상 아닌가. 하늘이 열릴 때 쑥은 이미 한민족 기원의 상징이 되었고 지금까지 우리의 기쁨이나 애환을 함께해 왔다. 경사가 있으면 쑥으로 인절미를 만들어 나누었고, 제를 지낼 때면 쑥을 태워 잡냄새를 물리쳤다. 흉년에 먹을 것이 귀하거나 일제 수탈로 양식이 턱없이 부족했을 때는 죽, 쑥버무리, 국, 나물로 우리의 식량이 되었다. 그뿐인가. 몸이 아플 때는 달이거나 환 또는 훈증으로 곁에 있었다.

 마당에 봄볕이 가득하듯 얼마 후면 동서네가 환한 웃음으로 들어설 것이다. 시어머니께서 서울로 올라가신 지 여러 해가 되었다. 시동생 건강이 좋지 않아 시어머니께서 살림을 도와주고 동서가 생계를 책임지고 있는 형편이니 어찌 그들의 나들이가 반갑지 않겠는가. 안쓰러운 현실 앞에 내가 할 수 있는 것이 없었는데 동서가 기회를 준 것 같아 고맙기도 하다.

오시면 어머니께서 내게 해주셨던 것처럼 "어머니, 많이 드세요. 몸에 좋아요."라며 향이 진한 쑥국을 상에 올려야겠다. 시동생 내외에게도 좋은 일만 있기를 기도하며 정성껏 대접해야겠다.

어쩌면 이미 동서네 집에도 쑥 향이 가득할지도 모르겠다.

마지막 잎새

동서의 목소리가 떨리고 있다. 어떻게 해야 좋을지 모르겠다며 넋이 나간 사람처럼 같은 말만 되풀이한다. 서방님 혈압이 자꾸만 떨어진다며 울먹인다. 바람 앞에 놓인 등불처럼 위급한 상황이 벌어지고 있음이 직감된다.

동서를 안심시키려 의사를 믿자며 짐짓 차분하게 말하고는 서둘러 집을 나섰다. 서울행 열차에 몸을 실었다. 눈을 감은 채 고개를 뒤로 젖힌 남편의 얼굴이 핼쑥해 보인다. 아픈 동생을 생각할 적마다 한숨짓던 그의 고통이 오롯이 전해진다. 묵언 수행이라도 하듯 침묵하며 나는 과거의 뜰로 내려선다.

15년 전, 서방님은 갑자기 심장 혈관이 터져 병원으로 이송되었다. 지혈하는 과정에서 하반신 마비가 왔고, 뜻하지 않게 휠체어

신세를 지게 됐다. 그렇게 시작된 질곡의 시간을 부부는 잘 견뎌왔다. 남편을 "오빠야!"라고 참새처럼 불러대는 동서와 아내의 말을 잘 들어주는 서방님은 잉꼬부부였다. 그 모습은 서로 결이 통한 연리목을 보는 듯 아름다웠다.

 시동생은 훤칠하니 멋졌다. 곁에 서면 내 키는 그의 어깨에도 미치지 못했다. 크고 듬직한 손으로 내 어깨 안마도 곧잘 해줬다. 형님이 못 한 일은 살아가면서 자신이 대신 갚아 주겠다며 손가락 걸어 흔들며 웃음을 주기도 했다. 형수님 같은 사람이 이상형이라고 했다며 동서가 애교스러운 투정을 부리기도 했다.

 불과 한 달 전, 시동생 내외가 고향에 다녀갔다. 발목을 접질려 발을 저는 내게 병원 가는 걸 미룬다며 채근했다. 오랜 병상 생활에도 밝은 표정으로 너스레를 떨었다. 특유의 유머러스한 언변으로 조카들과 즐겁게 보내고 웃음 띤 표정으로 손을 흔들어 보였다. 봄에 다시 만나자고 하면서….

 오 헨리의 소설 《마지막 잎새》가 떠올랐다. 화가 베어먼은 죽음을 앞둔 존시를 위해 담장에다 잎 하나를 그렸다. 떨어지지 않는 마지막 잎사귀를 보며 힘을 얻은 존시는 기적적으로 완쾌되었다. 서방님도 변함없는 동서의 사랑을 받으며 희망의 끈을 놓지 않고 잘 지내왔다. 이번에도 잘 이겨내 줄 것이라 믿으면서도 불안한 마음을 떨칠 수가 없다.

 적막을 깨며 다시 걸려온 휴대 전화 소리는 예감을 벗어나지 않

영구한 우주의 흐름에서 보면
인간사 백 년은
잠시 눈 한 번 깜빡하는 찰나에 불과하다.
하지만, 한 번의 생만 허락된 인간에겐
그 찰나의 시간이야말로
단 한 번 누릴 수 있는 영원의 시간이기도 하다.

았고 동서는 청천벽력 같은 소식을 전했다. 서방님이 급성신부전으로 혈압이 떨어지면서 의식마저 흐려지더니 손쓸 새도 없이 우리 곁을 떠났다고 했다. 어둠을 달리는 열차 안이 마치 깜깜한 무덤 같았다. 멀리 떨어져 있다는 이유로 신경을 써주지 못했던 무심함이 회한으로 다가오며 가슴을 조였다. 감당하기 어려운 슬픔이 목을 매게 했다.

그런 우리와는 달리 이승을 떠나는 서방님의 얼굴은 편안해 보였다. 어쩌면 자신의 마지막 날을 직감했던 것일까. 그래서 가족들을 일일이 챙기며 작별의 시간을 가진 것이었을까. 동서에게는 따뜻한 겨울 코트 한 벌을 선물하며 고맙다는 말까지 했었단다.

사람은 누구나 한 줌의 흙으로 돌아가기 마련이다. 영구한 우주의 흐름에서 보면 인간사 백 년은 잠시 눈 한 번 깜빡하는 찰나에 불과하다. 하지만, 한 번의 생만 허락된 인간에겐 그 찰나의 시간이야말로 단 한 번 누릴 수 있는 영원의 시간이기도 하다. 언젠가 우리도 모두 이별하는 일이 순리지만, 서방님을 젊은 나이에 떠나보내야만 하는 가족들에겐 크나큰 상처가 아닐 수 없다.

나는 동서 집에 머물며 서방님의 유품을 정리했다. 눈을 붙이지 못하고 눈물짓는 동서가 야박하다 할 만큼 추억이 될 만한 물건들을 모두 없앴다. 철새가 떠나버린 빈 둥지를 쳐다보며 눈물짓지 못하게 동서에게 이사도 권했다.

세월의 지문을 따라 돌아보면 병상 생활 15년. 짧은 시간이라 말할 수도 없다. 그러나 한결같은 동서의 사랑에 서방님도 '마지막 잎새'의 주인공처럼 생의 끈을 지금껏 붙잡고 있었을지 모른다. 이제 착하고 가여운 내 동서에게 누가 희망의 '마지막 잎새'가 되어 줄 것인가.

삼채와 삼체

 여름이 무르익어갈 무렵 친정엘 갔다. 마당으로 들어서는데 오빠가 내게 보여줄 것이 있다며 텃밭으로 이끌었다. 어릴 적 오빠가 가는 곳이면 어디든 따라나서길 좋아했던 때처럼 신이 났다.
 일바지와 챙 넓은 모자를 쓰며 야단을 떨자 뿔 농군이 폼을 잰다고 올케가 핀잔했다. 나도 왕년에 일해 본 몸이라고 호언장담을 하며 오빠 뒤를 따라 길게 늘어선 밭고랑으로 들어섰다.
 텃밭에는 참깨부터 보라색 흰색 꽃으로 어우러진 도라지, 상추, 붉고 통통한 토마토와 오이, 콩, 대파가 가득하다. 마당 넓은 집 도래멍석에 둘러앉은 식구들 같다. 포기마다 제 이름에 걸맞은 색깔을 자랑하는 듯하다. 바구니만 들고 나서면 끼니마다 찬거리들이 가득한 텃밭이다. 골골이 말쑥한 텃밭은 부지런한 오빠 내외의 성품을 닮았다. 가지런한 밭고랑은 소녀의 단발머리처럼 단정하다.
  앞서가던 오빠의 발걸음이 생각지도 못한 곳에서 멈췄다. 텃밭의 중앙도 아닌 거름 더미가 있는 하우스 옆 가장자리에 멈춰서서, 잘 키운 자식 자랑이라도 하듯 처음 보는 풀의 이름을 물었다. 당연히 내가 알 턱이 없지 않은가. 함께 텃밭을 돌아보는 것만으로도 신이 난 나는 오빠 입만 바라보며 고개를 주억거렸다. 귀한 식물인 것 같은데 자리를 탓하지 않고 부들부들하니 통통했다.
  "삼채"라고 했다. 오빠는 동생들을 쓰다듬어 주듯 잎을 쓸어내리며 밑거름만 넉넉히 넣고 심어 두면 잘 자란다며 자랑을 늘어놓았다. 삼채에 들어 있는 철은 혈액과 피로 회복에도 탁월하고 항암 효과도 있고 혈전까지 분해한다니 대단한 놈인 건 분명했다. 언제 왔는지 올케도 합세했다. 볶음과 무침 샐러드와 부침으로도 손색이 없단다. 아삭아삭한 김치를 담가도 좋고 삼계탕에까지 들어간다니 두 사람의 말대로라면 삼채는 불로초임이 틀림없다.
  나는 흙을 단단히 움켜쥐고 있는 삼채 한 뿌리를 힘껏 뽑았다. 하얀 실오라기 같은 것들이 파 뿌리처럼 소복하게 달려 있다. 어느 것 하나도 버릴 것이 없다기에 가늘게 늘어진 뿌리 하나를 뚝 떼서 입으로 가져갔다. 알싸하니 도라지 맛 같기도 하고 생강처럼 매운 맛도 있고 혓바닥을 알싸하게 누비는 게 인삼 맛인가도 싶다.
  쓴맛, 단맛, 매운맛 세 가지 맛을 가지고 있어 삼채라고 한단다. 톡 쏘는 매운맛은 성격 급한 우리 오라버니가 뿔났을 때처럼 싸하다. 인정은 곡간을 열어놓은 듯 넉넉해도 사리에 어긋나면 매섭기가 오금이 저렸다. 주인 닮은 식물을 제대로 구했다고 했더니 올케가 시원한 웃음 한 사발을 고랑으로 쏟아낸다.

오빠는 내게 삼채를 가르쳐 주려 텃밭으로 나가자고 한 것이다. 지난번 왔을 때 혈압이 들쑥날쑥하다고 했더니 그런 누이동생이 걱정되었던 게다. '형만 한 아우 없다.'라고 했듯이 아버지가 먼 길을 떠나신 후 그 빈자리를 지키며 셋이나 되는 동생들 뒷바라지를 다 했다.

오빠는 학교를 졸업하고 도시에서 직장 생활을 했다. 결혼도 하고 아들 둘을 낳아 즐겁게 살았지만 적은 월급으로 턱까지 차오르는 경제적 어려움에 한계를 느꼈던 걸까. 회색빛 하늘이 종일 울어대던 휴일 저녁, 동생 셋을 불러 앉히고는 무거운 입을 열었다. 홀로 계신 어머니와 토지 관리를 언제까지 남에게 맡겨 둘 수 없어 시골로 가는 것이 지금으로선 최선이라 했다. 다른 것은 걱정하지 말고 공부하라며 다짐을 시킨 후 귀향했다.

집안에서 일어나는 대소사를 챙기는 일은 오롯이 장남인 오빠의 몫이었다. 자신의 존재는 땅속 깊이 묻어버리고 가시나무 우거진 비탈길 같은 맏이 노릇을 하느라 얼마나 힘들었을까. 동생들에게 닥치는 비바람을 막아주기 위해 동분서주하며, 걸어보지 않은 험한 길을 걷느라 얼마나 힘들었을까. 텃밭의 중앙은 다른 채소에 내주고 하우스 옆 가장자리도 불평하지 않는 삼채와 오빠가 참 많이도 닮았다는 생각이 든다.

  파란 잎의 '삼채'를 손으로 훑노라니 오빠가 말했던 '삼체'가 만져진다. 누이동생이 연고도 없는 타지로 시집간다고 걱정하며 당부했다. 모르면서 아는 체하지 말며, 못난 게 잘난 체도 하지 말고, 없으면서 있는 체 말고 분수에 맞게 당당하게 살라고 했다.

  내 곁을 지켜준 오빠가 있어 얼마나 큰 힘이 되었던가. 삼채와 삼체를 담은 친정 텃밭은 푸르기만 하다.

어머니

친정어머니는 노인성 치매로 삼 년 전부터 노인병원에 계신다. 어머니가 병원에 가시던 날에도 비가 왔다. 천둥이나 번개처럼 떠들썩하지도 소나기처럼 시원하거나 소란스럽지도 않았다. 앞앞이 다 말할 수 없었던 어머니의 눈물처럼 조용히 내렸다.

어머니를 병원에 모시는 일이 최선이라 생각했다. 올케가 시집오면서 지금까지 어머니를 모시고 살았는데 더는 짐을 지울 수 없어 형제들이 의논한 것이다. '나는 못 하면서 다른 사람은 당연히 해야 한다.'라고 생각하는 무개념의 이기심을 털어내니 마음이 한결 가벼웠다.

노인병원에 모시면서 한 달에 한 번은 어머니를 찾아뵙겠다고 마음속으로 다짐했다. 바쁘기만 한 나의 하루와 기다림으로 느린 어머니의 시계는 엇갈리기 일쑤였다. 문밖만 내다보실 어머니를 생각하면 마음이 조바심을 치며 썰물처럼 급해지기도 하고, 오빠가 곁에 있고 다른 형제들이 다녀왔다는 소식이 들리면 안도의 숨을 쉬기도 했다.

 속죄하는 마음으로 세 시간을 달려 어머니를 뵈러 가는 날이다. 오늘은 헤어지기 아쉬워하던 어머니께 딸의 편안함을 오래 느끼도록 시간을 나누리라. 어머니의 얼어버린 가슴을 따뜻하게 녹여드리지 못하고 어머니 마음을 다 읽지 못한 아둔함을 용서받으며 재롱도 부려야겠다.

 체구가 작은 어머니는 달팽이를 닮아가고 있다. 달팽이처럼 돌돌 말려가는 꼬부랑 허리를 어쩌지 못해 가슴을 허벅지에다 붙이고 양팔로 양다리를 감싸고 오도카니 앉아 있곤 한다. 옹알이하던 내게 엄마가 눈을 맞추면서 말문을 열어 주었듯 지금은 내가 엄마에게 그렇게 하고 있다. 무릎을 굽혀 내 눈을 어머니 눈높이에 맞추고 손을 잡고 기다린다. 누군가 하며 한참을 살피다 기다리던 자식이 왔음을 알아차리면 당신의 힘없는 손에서는 중력 같은 힘이 솟아난다. 천진스럽도록 해맑게 웃는 어머니의 모습이 참 곱다.

 어릴 적 수시로 장에 다니는 옆집 아줌마가 내 엄마였으면 하던 때도 있었다. 흙이 덕지덕지 묻은 일바지를 입고 들에서 일만 하는 어머니가 싫었다. 새카맣게 그을린 주름진 얼굴이 예쁘다는 생각을 해보지 않았다. 철없던 시절 기억을 흔들어 지운다. 가물가

바쁘기만 한 나의 하루와
기다림으로 느린 어머니의 시계는
엇갈리기 일쑤였다.

물해지는 어머니의 기억처럼 피부도 명태 껍질처럼 바싹 오그라져 말라간다. 마른 갈대처럼 서걱거리는 손등을 가만히 만져본다. 이 손으로 온갖 궂은일을 다 했던 어머니다. 마디가 갈퀴 같다. 가만히 어머니 얼굴 위에 눈물 묻은 내 얼굴을 얹어 본다. 어머니는 내 얼굴을 빤히 바라보며 무슨 생각을 할까? 오 남매를 업어 키웠던 굽은 당신의 등에다 내 손을 얹어 쓸어내린다. 어머니는 딱딱하게 굳은 등의 피부로도 사랑을 느끼시는가 보다. 내 손에서 전해지는 온기를 느끼려고 굽은 등을 모로 하고 말없이 눈을 감고 있다.

 젊은 날 지난한 삶의 기억을 지우고 싶은 걸까. 갈수록 희미해지는 어머니의 기억 속에 즐거움만 남았으면 좋겠다. 어차피 하나씩 지워야 한다면…. 가만히 어머니 얼굴을 바라본다. 초점 잃은 어머니 눈동자도 나를 본다. 진지함이 없는 천진한 아이 같다. 그 얼굴에서는 고통도 눈물도 보이지 않는다. 오 남매를 기르면서 즐겁고 행복했던 기억만 꽉 잡고 있는 듯하다. 갈 때마다 웃어주는 어머니다. 그 모습 보기가 얼마나 민망한지 모른다. 짱짱했던 어머니를 파먹은 것만 같다.

 속죄하는 마음으로 다시 어머니 살을 만진다. 굳었던 다리도 갓난쟁이 다리를 펴주듯 엄지손가락으로 살살 주무른다. 뻣뻣한 다리가 서서히 펴진다. 살갗에서 나는 서걱거리는 소리의 의미를 아는지 모르겠다. 어머니 얼굴에 마른 미소가 엷게 번진다. 어머니의 볼에 입맞춤을 하니 어릴 적 맡았던 엄마 냄새가 살아 있다. 가만히 볼을 내주는 어머니가 이대로 오래 계셨으면 좋겠다는 생각은 나만의 이기심일까.

어머니와 복숭아

늦여름이다. 복숭아 철이 지난 줄 알았는데 복숭아 한 상자가 주인을 기다리듯 현관 앞에 놓여 있다. 복숭아를 좋아하는 내게 맛있는 복숭아 맛을 보여주겠다던 친구의 말을 의례적인 말이라 생각했는데 잊지 않고 보내온 것이다.

노란빛의 복숭아가 참 예쁘다. 고운 빛깔에 놀라고 먹음직스럽고 큼직한 것에 한 번 더 놀랐다. 특별히 신경을 쓴 친구의 마음이 빼곡하게 담긴 것 같다. 설레는 마음으로 한입 무는 순간 나는 어릴 적 기억 속으로 잠겨들었다.

우리 집 텃밭에는 복숭아나무 한 그루가 있었다. 오래된 나무는 울타리 밖 우물가에 그늘을 만들 만큼 우람했다. 복숭아 맛도 좋아 누구라도 먹고 싶어했다. 그런데 복숭아가 익어갈 때쯤이면 누군가의 손을 타 이미 복숭아나무는 빈 가지여서 아쉽기만 했다. 우리 집 복숭아나무인데 매해 먹을 수 없는 것이 이상했다. 이듬해는 꼭 복숭아 맛을 보고야 말겠다고 생각했다. 풋것은 배가 아프다는 어머니의 말씀을 귓등으로 넘기고 풋복숭아를 땄다. 물에 뽀독뽀독 씻어 딱딱한 복숭아를 베어 먹고는 입을 닦았다. 밤이 되자 배가 살살 아프기 시작했다. 잠이 들기만 하면 아프기를 반복하더니 급기야 심한 복통이 났다. 한바탕 소동을 벌여 식구들 잠을 다 깨우고서 나는 엄마 무릎 위에 뉘어졌다.

어머니 손이 원을 그리며 내 배를 훑고 지나갔다. 엄마 손은 약손이라는 주문의 효력이었을까. 잠이 들었다. 꿈속에서처럼 어머니 움직이는 소리가 들렸다. 실눈을 떠보니 내 머리맡에는 따끈한 죽 한 그릇이 놓여 있었다. 죽을 한 숟가락 먹으니 또 배가 아팠다. 나는 엄마를 불러댔다. 엄마는 소여물 끓이느라 바빴지만, 곧바로 내게 달려왔다. 앞치마에 손을 닦고 '니 배는 똥배 내 손은 약손' 하며 또 배를 어루만져 주었다. 거짓말처럼 통증이 싹 사라졌다.

이제는 내 손의 온기로 어머니 배를 만져드리곤 한다. 한참 마사지를 해드리면 마음이 닿기라도 한 듯 말문을 연다. "후이 오면 추블라, 군불 마이 여났나?" 장손인 손자 방을 따뜻하게 해뒀냐는 것이다. 훈이는 오빠의 큰아들이다. 결혼해서 애가 둘이나 되는 지금도 어린애인 줄 알고 기다리며 보고 싶어한다. 연년생으로 태어난 첫 손자에게 당신의 빈 젖을 물리며 금지옥엽 아끼던 그 사랑은 식

나이가 들어서야 안 사실이지만
어머니도 복숭아를 무척이나 좋아했다.
내일은 어머니께 이 귀한 복숭아를 드리러 가야겠다.

을 줄 모른다. 어머니는 정신을 놓지 않으려 꼭 쥐고 계셨던가 보다. 씻어드리려고 휠체어에 태워 세면장으로 향하는 내게 "나 집에 좀 데려다 다오. 집에 가고 싶어 죽을 것 같다."라며 애원하신다. 나는 어머니를 안고 어머니는 나를 잡고 모녀는 눈물범벅이 되도록 서럽다. 백설이 내린 듯 하얀 머리도 감기고 옷도 새것으로 갈아입혀 드리고 나면 내 눈엔 어머니가 달덩이 같다.

어릴 적 가마솥에 물을 끓여 고무통에다 붓고 우리를 줄줄이 목욕시키고 이불 속에 묻어둔 옷을 입혔던 어머니도 이런 맘이었을 게다. 식사를 마치고 맥없이 잠든 어머니께 이불을 덮어드리며 가만히 아버지를 불러본다.

옛날로 돌아갈 수 없다면 하늘에 계신 아버지의 보살핌으로 어머니의 고단한 시간이 편안해졌으면 좋겠다고…. 부모는 열 자식 거느려도 열 자식은 한 부모를 못 모신다는 말은 나를 두고 하는 말이다.

나이가 들어서야 안 사실이지만 어머니도 복숭아를 무척이나 좋아했다. 내일은 어머니께 이 귀한 복숭아를 드리러 가야겠다. 복숭아를 드시며 꾀병 부리던 내 어린 시절을 기억해 주길 기대해 본다.

꿈속에 뵈옵고

　아버지 당신을 만났던 날은 꿈속에서도 꿈인가 하여 연신 고개를 갸웃거렸답니다. 시댁에 큰 잔치가 열린 모양입니다. 작고한 시조부님과 시아버님까지 한자리에 모여 화기애애한 담소를 나누는 그곳에 당신께서 계셨으니 말입니다.
　어머니께서 손질한 하얀 모시 두루마기 의관을 차려입고 다정하게 동행하신 겁니다. 어머니께서는 그 흔한 파마도 못 하고 아버지가 원하던 쪽머리에 비녀를 꽂고 말없이 아버지 뒤를 따랐지요. 제 기억으로 두 분이 함께 외출하는 일은 가뭄에 콩 나듯이 보기 힘든 일이었고, 그것은 집안에 혼인 잔치 같은 큰일이 있다는 것을 뜻하지 않았던가요. 그럴 때도 어머니는 아버지의 그림자처럼 조용히 뒤따르기만 했을 뿐 존재가치라곤 없어 보였습니다. 그렇게 아버지는 늘 가족에게 근엄하고 냉철했으며 다정함이라곤 없는 분이었답니다.

당신을 뵈며 가슴은 방망이 치듯 하면서도 평소와는 다르게 느껴지는 모습에 놀랐습니다. 딸의 속내까지 알아차리는 듯 편안한 미소와 따스함, 그것은 가슴 뜨거움이었습니다. 눈을 뜨고서도 믿기지 않는 아버지를 떠올려보았습니다. 생전의 아버지는 야단칠 일만 찾아내는 것처럼 자식들을 단지 귀찮은 식솔로만 여기는 것 같았습니다. 그럴 때면 서러움은 엎치락뒤치락 가슴을 후볐답니다. 그때부터였을까요. 제 가슴속에 당신은 겨울을 풀어놓은 된바람일 뿐이었습니다.

그에 대한 어머니의 불만도 컸습니다. 자식들을 주워온 것도 아닌데 남의 자식 대하듯 하냐고, 아버지를 향해 지청구를 쏟아내곤 했지요. 그럴 적마다 싸움이 일어날까 불안해하면서도 마음속으로는 어머니를 응원하곤 했어요. 아버지는 먼 길을 떠날 때도 가족을 위한 준비라곤 하나 없이 어머니께 오 남매만 남기고 가셨습니다.

어머니는 생전에 죽어서도 너희 아버지 만나지 않겠다고 했습니다. 그러나 그 말은 하얀 거짓말이었습니다. 2년 전 꽃잎 노랗게 물드는 가을날, 아버지가 그립다며 아버지 곁으로 갈 것이라 말하곤 그 길을 따라갔습니다. 가끔 두 분이 만나기는 했을까 궁금했는데 꿈속에 다녀가시니 날 듯이 좋습니다. 비 온 뒤 맑게 갠 하늘을 본 듯 상쾌합니다. 물과 기름처럼 겉돌기만 했던 부녀 사이가 소통되는 시간이었던가 봅니다. 두 볼에는 뜨거운 눈물이 끊임없이 흘러내립니다. 닦아내고 싶지도 않고 멈추고 싶지도 않은 시원함입니다.

아버지 당신이 떠나고 몇 해 후 저는 직장을 가졌고 결혼도 했답니다. 그 일도 어느새 강산이 여러 번이나 훌쩍 지난 일이군요. 처음에는 4대가 한집에 살았어요. 어른들의 보살핌을 받으며 슬하에 3남매를 두었습니다.

제가 아버지의 나이만큼 되고서야 무거웠을 아버지의 어깨를 조금이나마 이해할 수 있을 듯합니다. 당신의 깊은 심중을 헤아리지 못해 죄스러울 뿐입니다. 아버지도 처음 걸어본 아버지의 길에서 얼마나 힘들고 고달팠을까요. 잘하고 싶었고 잘 살고 싶어 애쓰며 우리를 최고로 키우고 싶었을 때도 있었을 겁니다. 부모란 양쪽 어깨에 무거운 짐을 짊어지고 살아가는 것임을 이제야 조금이나마 알 것 같습니다.

아버지, 모든 것 내려놓고 천상에서 어머니와 함께 즐겁고 편안하게 지내시길 바랍니다. 7월 백중 제일에 부족하고 미욱한 딸이 당신께 엎드려 용서를 구하며 상서를 올립니다.

아버지, 당신을 사랑합니다.

아버지의 둘째 딸 동실 올림

어머니의 '국시기'

 신혼 시절, 오늘처럼 비가 내리고 따끈한 국물이 생각나는 저녁 무렵이었다. 반찬은 뭘 할까 고민하며 퇴근하니 시어머니께서 별미를 했다고 했다. 뜨끈할 때 먹어야 제맛이라기에 부엌으로 들어섰다. 할아버지도 좋아하는 것이라니 기대가 됐다. 삼계탕일까, 곰국일까.

 솥뚜껑을 열던 나는 멈칫하며 한 발 뒤로 물러섰다. 구수한 고기 냄새가 아니었다. 비릿한 멸치와 김치 냄새가 훅 올라왔다. 국자로 저었더니 고춧가루와 밥알이 섞여 있고 국물도 벌겋게 우러나 그다지 먹고 싶은 음식이 아니었다. 어머니께는 죄송하지만 '꿀꿀이죽'인가 했다.

 어머니는 재촉했다. 얼른 먹지 않으면 퍼진다고. 하지만 나는 입맛이 동하지 않았다. 뜨겁기만 할 뿐 아무 맛도 느낄 수가 없어 먹는 시늉만 했다. "이기 시원하이 얼마나 맛있는데." 시어머니의 채근하는 말씀에도 배가 부르다며 슬쩍 수저를 놓았다. 눈치 없는 배꼽시계는 꼬르륵거리며 졸라댔지만, 입안으로 넘어가질 않았다.

주말부부로 지내는 남편이 보고 싶었다. 아버님의 사랑을 독차지하고 있었지만, 시부모님 방에 있는 전화로 남편에게 투정할 용기는 없었다. 어른들 몰래 밖으로 나와 공중전화 부스로 갔다. 전화기 너머로 남편의 목소리가 들리자 우리 집에 가고 싶다며 막무가내로 울었다. 뜬금없는 상황에 남편이 놀라 다그쳤다. 무어라 딱 꼬집어 할 말이 없어 그냥이라고 했다. 남편은 온갖 상상을 해대며 물었다. 울다 보니 상황이 싱거워졌다. 김치에 멸치, 콩나물, 밥까지 한꺼번에 넣어서 끓인 꿀꿀이죽 같은 음식 이름이 뭐냐고 물었다. 그제야 상황 판단이 된 남편은 "국시기" 때문이라는 걸 알아챘다.

껄껄껄 웃던 남편과 나는 전화기를 들고 서로 다른 문화에 대한 오해를 풀었다. 서로의 생활에 익숙해져 가는 과정이라고나 할까. 배고픈 시절 밥 한 숟가락에 국수도 넣고 신김치로 양을 늘려 신물이 나도록 먹었단다. 그런 남편과 달리 나는 국시기라는 음식은 먹어 본 적이 없었다.

비가 오거나 몸살이 났을 때는 뜨끈하게 먹으면 좋고 입맛이 없을 땐 얼큰하게 먹으면 입맛이 돈다고 어머니께서 권했지만 나는 그 후로도 오랫동안 국시기를 끓인 기억이 없다.

얼마 전. 친구가 발령이 났다더니 술은 남편이 다 마신 모양이었다. 벌어진 술판에 술 인심이 대단했던지 코를 비틀면 술이 술술 흘러내릴 것 같았다. 해장국 끓일 재료가 마땅치 않아 냉장고 문을 열고 서성이다 어머니가 끓여주던 국시기가 떠올랐다.

다시마와 무, 마른 표고로 육수를 내고 콩나물과 대파도 넉넉히 준비했다. 떡국떡 한 줌과 식은밥 한 덩이 넣고 숙성된 김치와 땡고추도 두어 개 다져 넣었다. 표준어로 '김치 국밥'인 국시기는 남편의 가난했던 어린 시절 추억처럼 보글보글 끓어올랐다. 간을 보니 술 옆에 가지도 않은 나도 입맛이 동했다. 속이 쓰리다며 힘들어하던 남편이 국시기를 먹더니 속이 풀린다는 게 아닌가. 시원하다던 어머님 말씀을 남편이 하고 있다. 나도 이제야 비로소 수긍이 간다. 남남끼리 만나 평생을 함께 살아간다는 건 서로 모르던 문화가 만나 충돌하고 부서지고 화합하며 하나로 다듬어지는 것인가 보다.

짧지 않은 세월이 흘렀다. 긴 시간 속에서 우리는 이러한 이치들을 터득했다. 혀가 받아들이지 못하던 배타적인 그 맛이 내 입맛과 정서에 녹아드는 과정은 시댁의 개성과 문화를 받아들이는 여정이었을 것이다.

요즘 들어 새치가 늘어간다. 염색도 잠깐이다. 동안童顔이라던 말도 옛말이고 얼굴을 차지한 주름의 크기도 넓어져 간다. 이렇듯 나이가 들어 삶을 삭일 줄 알게 되어야 함께 사는 사람 마음의 단내도 알게 되나 보다. 짭조름하면서도 알싸하고 매콤한 어머니표 돼지 껍질 볶음도 먹고 싶은 걸 보면.
  이슬비가 내린다. 국시기를 끓인다니 막내는 웃기만 한다.

감자를 캐며

 감자 때문에 남편이 화가 났다. 일 같지도 않은 일을 시킨다며 구시렁대는 모양새가 투덜이 영감이 따로 없다. 무슨 큰일이라도 한 사람처럼 전신에 흙을 잔뜩 묻힌 채 부엌으로 들어섰다.
 화단에 심어둔 감자 서너 포기를 캐다 말고 못마땅한 소리를 한다. "요만한 걸 그냥 버려야지 먹을 수 있겠냐."라며 엄지손가락을 검지의 첫째 마디에다 갖다 댄다. 발단은 그놈의 보라색 감자다.
 지난해 하지가 지난 어느 날, 친구들과 이런저런 이야기를 하던 중 감자가 화제에 올랐다. 올해는 보라색 감자 작황이 좋지 않으니 지금 사는 게 적기라고 했다. 그렇지 않으면 비싼 값에 사야 한다며 너나없이 주문을 서두르는 게 아닌가. 몸에 좋은 먹거리라면 귀를 쫑긋 세우고 관심을 두는 아줌마들 틈에서 나도 덩달아 한 상자를 주문했다.

감자는 때깔이 좋고 크기도 적당했다. 반찬으로 만들기도 좋고 깎아서 삶으니 분이 포슬포슬하니 일품이었다. 다 먹은 줄 알았는데 봄에 베란다 정리를 하다가 남아 있는 감자를 발견했다. 새들새들하게 곯고 썩어 말라버린 것들 사이에서 제법 싹이 난 감자를 골랐다.

감자를 심으려면 거름도 많이 하고 소독해서 심어야 한다고 했으나, 나는 싹이 난 감자를 음식물 쓰레기를 묻어 두었던 곳에다 호미로 쿡쿡 찍어 그대로 묻었다. 우리 집 감자는 다른 감자들이 흙에다 뿌리를 내리고 한 뼘씩 자랐을 무렵에야 어설프게 심은 것이다.

그놈이 제대로 자라기만 했어도 남편의 투덜거림은 없었을 텐데. 감자를 심은 것은 어쩌면 과욕이었다. 혹시나 알이 들었을까 궁금했지 상품의 감자를 기대했던 건 아니다. 남편에게 알이 작더라도 내가 심은 감자라서 못 버릴 것 같다고 했더니 못 이기는 척 다시 밖으로 나갔다.

잠시 뒤 남편이 들고 온 감자를 보니 할 말이 없다. 한 바가지도 안 되는 자잘한 감자가 전부였다. 암탉 배 속에 조롱하게 달린 미성숙한 알 같기도 하고, 어릴 적 동네 친구들과 가지고 놀던 자잘한 구슬 같기도 했다. 크기로 보나 양으로 보나 남편 말을 들을 걸 하는 생각이 들었지만, 땅속에서 뿌리를 내려 알맹이를 보듬은 감

나의 감자 사랑은 오래갈 것 같다.
감자 같은 사람을
가까이 두고 싶은 바람 때문일까.
아니면 감자를 닮은 구수한 사람이 되고 싶은
소망 때문일까.

자의 인내와 수고를 생각하니 선뜻 버릴 수가 없다.
 바가지에 담긴 감자를 딸내미가 보더니 통감자 구이로 알맞다며 좋아한다. 휴게소에 가면 버터를 녹여 삶은 감자를 궁굴리고 그 위에다 설탕을 솔솔 뿌려주는 감자 크기로 제격이란다. 한입에 쏙쏙 들어가게 생겨 예쁘다며 입맛을 다시는 게 아닌가.
 옳거니! 이 세상에 존재하는 것들은 그에 맞도록 쓰일 데가 있는 법. 감자를 바가지에다 대고 손으로 박박 문질렀다. 종잇장 같은 껍질이 벗겨져 나가고 보라색 살을 드러냈다. 물을 조금 부은 냄비에다 감자를 넣고 그 위에 굵은 소금을 흩뿌려 삶았다.
 딸아이의 말대로 가스 불을 약하게 하고 프라이팬에 버터를 올렸다. 버터가 녹기를 기다렸다가 감자를 굴려 오목한 접시에 담은 후 설탕을 뿌렸다. 자칫 잘아서 버려질 뻔한 감자는 막내의 일품 간식으로 당당히 자리를 차지했다. 보라색 감자는 자신의 역할을 다한 셈이다.
 나는 감자를 좋아한다. 감자는 무엇을 해도 맛이 좋고 어느 음식과도 잘 어울리는 게 원만한 성격을 가진 사람 속을 닮았다. 달콤하지는 않지만 구수하니 은은한 맛을 간직한 감자는 웬만해선 탈도 나지 않는다. 심심할 때 먹으면 허기도 채워주어 든든하다. 딸들은 나를 감자 중독자라며 양을 줄이라고 잔소리를 하지만 나의 감자 사랑은 오래갈 것 같다. 감자 같은 사람을 가까이 두고 싶은 바람 때문일까. 아니면 감자를 닮은 구수한 사람이 되고 싶은 소망 때문일까.

  비록 출발은 다르다 할지라도 자신의 처지를 약진의 발판으로 삼아 무던히 달려가다 보면 결실을 보게 된다. 내년에는 올해의 일을 교훈 삼아 다시 감자 심기에 도전해 봐야겠다. 그러다 보면 튼실한 감자를 수확할 날이 오겠지.

  내가 쓰는 글도 이번에 수확한 감자처럼 아직은 볼품이 없다. 거름을 제때 주지 못하고 시기도 놓쳐 제대로 영글지 못했다. 포기할까 여러 번 망설이기도 했지만 버려질 뻔한 감자가 통감자 버터구이로 변신했듯 내 글도 언젠가는 튼실한 열매를 맺게 될 날이 오지 않겠는가.

  버터구이 감자를 먹는 남편 곁에서 종이를 펼쳐 씨감자를 심는다. '감자를 캐며'.

'밀키스' 내 동생

여동생에게서 전화가 왔다. 오랜만에 단술을 만들었으니 가져가라는 거였다. 언젠가 우리 아들이 이모가 만든 단술이 제일 맛있다고 한 말을 기억하고 있었나 보다. 수화기를 내려놓고 하얀 다기에 따뜻한 물을 붓는다. 찻잔에 찻잎을 띄우니 여동생과의 추억이 파르스름한 빛으로 함께 우러난다.

나는 다섯 남매 중 셋째로 태어났다. 다정하기보다 버팀목 같았던 언니와는 아홉 살, 오빠와는 네 살 터울이다. 터울이 크다 보니 형제간의 위계질서도 철저했다. 부모님도 엄했지만, 언니 오빠가 더 무서웠다. 그들의 말은 곧 법이었다. 어머니가 심부름을 시키면 핑계라도 대고 꾸물거렸지만, 언니나 오빠가 부르면 즉시 달려가야 했다. 성격이 활달한 동생은 달랐다. 그들이 심부름을 보내면

"예."라고 대답만 해놓고 자기가 하고 싶은 일이 우선이었다. 그럴 때마다 내 몫으로 돌아오는 심부름은 늘어날 수밖에 없었다.

동네에는 내 또래 여자아이만 여섯이 있었다. 우리는 나무 그늘에 모여 고무줄놀이나 소꿉놀이를 하면서 놀았다. 세 살 아래 여동생 친구는 20명이나 되었다. 노는 것도 나와는 차원이 달랐다. 마냥 신명이 난 그들은 오글오글 몰려다니며 이웃 동네까지 원정을 가기도 했다. 산에 두더지처럼 굴을 파고 그 안에 불을 피워 동네 사람들을 놀라게도 했다. 어느 날은 이웃집 과수원의 설익은 과일을 몽땅 따서 또래 부모님들이 사과하는 진풍경도 있었다. 그뿐인가. 친구 집을 돌아가면서 닭 서리하기도 일쑤였다.

한 번은 집 닭장 안의 수탉 다리에 새끼줄이 묶여 있었다. 동생의 소행임을 눈치채고 물었으나 모른 척해 달라고 통사정을 했다. 오늘은 우리 집 순서라서 표시해 두었다는 게 아닌가. 지금 생각해 보면 그때 부모님도 짐짓 모른 척해 주었던 것 같다. 금쪽같은 달걀이 심심찮게 없어진다면서도 캐묻지 않았던 걸 보면.

왈가닥 동생과 나는 중학교를 졸업하고 대구로 유학하러 갔다. 동생이 나보다 덩치가 커서 그런지 사람들은 나를 동생으로 여겼다. 나는 동생 같다는 말이 듣기 싫었고, 동생은 언니 같다는 말을 싫어했다. 나도 언니와 오빠처럼 동생에게 존재감 있는 언니가 되고 싶었다. 그런데 언젠가 동생도 가족 모임에서 푸념을 했다. 언니는 태어날 때부터 보호 본능을 갖고 태어났다며, 자신은 언니보다 체격이 커서 항상 손해를 봤다는 것이다. 심지어 보약도 언니만 챙겨주었다는 말에 어머니는 오 남매를 똑같이 키웠다고 발뺌을 했다. 나도 특별 대우를 받았다고는 생각하지 않는데, 동생이 그렇다니 그런 것 같다며 마주하고 웃었다. 이렇게 우리는 이십여 년을 함께했는데 내가 결혼하면서 헤어지게 되었다.

나는 합천으로 시집을 왔다. 대가족이 함께 살았지만, 외로워서 많이 울었다. 신세대가 들으면 웃을 일이지만, 친정어머니는 시어른들과 함께 사는데 친정 식구가 드나드는 것은 예의가 아니라며 우리 집에 오려는 동생을 만류했다. 그래도 내가 너무 힘들어하면 여동생은 엄마 몰래 다녀가곤 했다. 나는 그런 동생이 곁에 있으면 든든할 것 같아 합천으로 시집오라고 했고 그럴 때마다 동생은 고개를 흔들었다.

"언니! 나는 답답해서 이 골짜기 들어와서 못 살아."

무슨 말인 줄 알면서도 가까이서 동생과 함께 지내고 싶은 마음을 떨칠 수가 없었다.

시집온 지 2년 후 아들의 첫돌 잔치가 있었다. 음식상 차리는 걸 도와주러 온 동생에게 남편의 후배가 '밀키스' 음료 하나를 들고 당시 유행하던 광고 흉내를 냈다.

"사랑해요. 밀키스!"

모두 달싹 웃으며 지나쳤는데, 그날 이후 남편 후배는 처제를 왕비처럼 떠받들며 살겠다고 남편을 졸라댔다. 나 역시 그 후배가 듬직하고 직장도 반듯해 친정 가족들에게 제부감으로 추천했다. 때마침 동생 혼삿말이 오가던 중이었다. 언니와 오빠는 시간을 두고 생각해 보자 했지만, 나는 남편 후배에게 관심이 있던 터라 다른 신랑감은 아예 눈에 들어오지도 않았다. 미적거리는 동생을 앉혀 놓고 다그쳤다.

"너는 뭐가 그리 잘났냐. 그래도 형부 후배가 제일 괜찮구만."

동생은 내가 던진 그 말에 마음이 상했지만, 얼마나 착실하면 언니가 저렇게 권하나 싶어 결혼을 결정했다는 게 아닌가. 나는 동생이 그 이야기만 하면 지금도 오금이 저린다.

나의 바람대로 동생은 합천으로 시집을 왔다. '밀키스'로 인연을 맺어 가까이 시집온 여동생과 이야기 나눌 시간은 많지 않아도 그녀가 곁에 있다는 것만으로도 든든하다. 제부는 통이 크다. 인정도 많고 하고 싶은 것도 많은 데다 황소고집이다. 아이가 셋이나 되는데 어느 날, 직장에 사표를 던지고 사업을 시작했다. 여러 가지 사업 끝에 결국 음식점을 개업했다. 속도 없는 듯이 싱글거리며 식당을 운영하는 동생을 볼 때마다 대견하다 싶으면서도 가슴이 짠하다.

중매는 잘하면 술이 석 잔이고 못하면 뺨이 석 대라고 했다. 이참에 제부를 만나면 신신당부를 해야겠다. 남은 세월 아끼고 사랑하며 알콩달콩 더 재밌게 살아가라고. 훗날 여동생이 내게 술 한 잔 권하며 이렇게 말하길 고대하고 있다. "언니야! 나 합천으로 시집오길 잘한 것 같아."라고.

　오늘따라 봄 햇볕이 따스하다. 퇴근길에 '밀키스 내 동생' 집에 들러야겠다.

어머니의 사랑법

친정어머니는 둘째 아들에게 시집왔다. 그러나 평생 큰며느리 몫을 해냈다. 아버지는 큰아버지 가족과 1·4 후퇴 때 북으로 갔다가 아버지만 고향으로 내려왔다고 했다. 그때부터 아버지가 맏아들 역할을 했고, 어머니는 맏며느리로 살게 된 것이다. 그러니 아들에 대한 할머니의 사랑은 어떠했겠는가.

어머니는 딸 셋에 아들 둘을 낳았다. 아들에 대한 시댁의 기대에 부응하지 못하고 첫딸을 낳은 것이다. 아들을 기다리던 할머니는 그때부터 칼날 같은 비수를 어머니께 꽂았다. 언니가 태어났을 때도 "씬찮은 가시나 낳고도 미역국이 입으로 들어가냐?"라며 싫은 소리를 하는 바람에 어머니는 산후조리도 하지 못하고 자리에서 일어났다고 했다.

오빠가 태어났음에도 할머니의 손자 욕심은 해갈되지 않아 또 아들을 원했다. 오빠가 터를 잘못 팔아 내가 태어났다며 할머니의 아들 타령은 이어졌다. 나 또한 그런 할머니의 간절한 바람을 모른 채, 어머니의 시집살이를 덜어드리지 못한 채 터를 잘못 팔아 여동생이 태어났다. 하루는 엄마 곁에서 아기 손을 만지며 놀고 있을 때였다. 할머니가 밥과 미역국이 올려진 소반을 방 안으로 밀어넣고는 문을 쾅 닫았다. 어린 내 눈에도 엄마의 안절부절못하는 모습이 안타까웠다. 그뿐이었으면 얼마나 좋았을까.

안방과 부엌 사이 벽에는 조그맣고 동그란 광창光窓이 있었다. 호롱불을 거기에 올려두고 방과 부엌을 동시에 비추는 불빛으로 사용하고 있었다. 그곳에서 갑자기 푸 하는 소리가 나더니 호롱불이 꺼져버리는 게 아닌가. 미역국 몇 숟가락 뜨던 어머니가 수저를 놓고 돌아앉아 소매 끝으로 눈물을 닦던 모습은 어린 시절 내 마음에 상처로 자리 잡고 말았다.

내 기억 속 할머니에 대한 추억은 씀바귀와 꿀이 섞인 맛이라고나 할까. 할머니가 동네 잔치에 다녀오며 속바지 주머니에서 꺼내주던 떡과 사탕 맛이 더는 단맛만은 아니었다. 그러나 눈 내린 아침 옷이 젖는 줄도 모르고 뛰놀다 어머니에게 혼쭐이 날 때면, "내 강아지를 누가."라며 차가운 손을 당신 무릎 밑으로 넣어 녹여 주던 따뜻함도 따뜻함만이 느껴지는 게 아니었다.

세월이 흘러 오빠가 결혼해서 아들 둘을 연년생으로 낳았다. 어

꺼져가는 당신의 생명을 눈앞에 두고도
자식을 위해 한결같은 기도를 하는 어머니.
그것이 이 세상 모든 어머니의 사랑법이라는 것을
너무 늦게 깨달았다.

머니도 시어머니가 되었다. 조카가 태어나던 날, 어머니의 기쁨을 무슨 말로 표현하랴. 어머니도 정화수를 떠 놓고 삼신할머니를 향해 할머니처럼 정성껏 기도를 드렸다. 손자를 건강하게 얻게 해주신 감사함과 잘 자라게 해 달라는 소망이었을 것이다. 무릎을 꿇고 기도하는 어머니의 모습은 경건하기까지 했다. 날마다 장독대 위에다 정화수를 올려놓고 자식들을 위해 기도하던 때와는 또 다른 손자에 대한 기도였으리라.

  큰조카는 태어나자마자 이듬해 연년생 동생을 두는 바람에, 돌이 지나면서 바로 형 노릇을 해야만 했다. 그때부터 큰조카는 놀고, 먹고, 자는 일까지 어머니와 함께했다. 엄마 품이 그리워 울어대는 손자에게 어머니는 이미 말라버린 당신의 빈 젖을 깨끗이 씻어 입에 물렸다. 희한하게도 울던 아이는 울음을 뚝 그쳤다. 젖을 쪽쪽 빨아대길래 젖이 나오는 줄 알았다. 빈 젖꼭지를 빨며 봉긋한 아기 손은 나머지 한쪽 젖을 만지작거리며 편안한 웃음으로 자랐다. 다섯 살이 될 때까지 어머니의 젖은 큰손자를 달래는 유일한 처방이었다. 열 손가락 깨물어 아프지 않은 손가락 없다지만 그때 우리는 덜 아픈 손가락임이 분명했다. 어른이 되어 보니 할머니의 마음도 어머니의 일편단심도 이해가 된다.

  어머니께서 먼 길을 떠나기 전, 요양병원에 계실 때였다. 집에 가야 한다고 꼭 가서 할 일이 있다기에 여동생과 나는 병원의 허락을 받아냈다. 어머니를 집 안으로 모시자 정화수 한 그릇을 상 위에다 올려두고 자그맣게 무어라 읊조리는 게 아닌가. 그 모습은 조카가 태어나던 날과 같은 모습이었다.

그 기도는 치매를 앓는 사람의 기도가 아니었다. 아마 나 같았으면 "집에 오고 싶은데 자식놈들은 하나같이 나 죽기만을 기다립니다."라며 원망했을 법도 한데, 어머니의 마음은 넓기만 했다. 두 손을 모으고는 "요즘 멀리 좀 갔다 온다고 자주 인사 못 했음을 용서해 주고, 어떡하던지 우리 후손과 손주 잘되게 도와주십시오."라고 서너 번이나 되풀이하는 게 아닌가. 그때야 비로소 집에 오고 싶어 한 어머니의 속내를 알게 되었다.

벽에 등을 기대고 앉아 쉬던 나는 그 순간, 그대로 목석이라도 되어버린 듯했다. 꺼져가는 당신의 생명을 눈앞에 두고도 자식을 위해 한결같은 기도를 하는 어머니. 그것이 이 세상 모든 어머니의 사랑법이라는 것을 너무 늦게 깨달았다.

제 2 부

내 몸에 핀 꽃

불티・고통의 무게・나는 누구인가・젊은 날의 꿈・별것이 다 추억이 되고 그립다・장어 이야기・코로나19 소동・새로운 출발을 위하여・희망으로 가는 기준・내 몸에 핀 꽃

불티

 유월, 후덥지근한 날 저녁 무렵이다. 먹구름이 잔뜩 몰려드는 걸 보니 소나기라도 한줄기 퍼부어 댈 기세다. 초인종을 누르는 후배의 표정이 날씨처럼 새초롬하다.

 남편 옷을 사러 나갔다가 서로 얼굴만 붉히고 돌아왔단다. 다른 큰 문제가 아니라 쇼핑하다 생긴 의견 차이라니 다행이다 싶었다. 부부로 살면서 칼로 물 베기 하듯 다투는 일이 한두 번인가. 나는 무심코 "본인이 가서 맘에 드는 옷을 사 입으라고 하면 되지 않냐."라고 했더니 그는 냉수를 벌컥거리며 들이켰다.

 애연가인 남편은 담뱃불로 옷마다 구멍을 낸단다. 그때마다 옷을 사야 하니 속이 상했고, 한마디를 얹었더니 여기까지 와서 잔소리냐며 혼자 가버렸다는 것이다. 거기다 옷값조차 만만찮으니 잔뜩

부아가 치밀었던 모양이다. 그의 말을 듣고 보니 내 손톱 밑에 박힌 가시가 살갗을 찔러대듯 아려왔다.

내 남편도 애연가다. 담배 불똥으로 외출복을 더러 망친 일이 있지 않은가. 그럴 때 입지 못하게 된 옷을 보여주며 한소리를 하면 자기 눈에는 보이지 않는데 당신은 그것만 살피냐며 되려 억지소리를 해댔다. 기가 막힐 노릇이다.

그놈의 불티가 화근이다. 재가 되기 전의 불똥이 뜨거워 보았자 그 위력이 얼마나 크겠냐고 설불리 보았다가는 큰 낭패를 당한다. 담배 불씨는 떨어져 사그라지면서 온 힘을 다해 옷에다 뱅어 눈알 같은 구멍을 내고야 만다. 뚫린 구멍은 가장자리가 거칠다. 찌꺼기가 말라 굳어버린 것처럼 딱딱하니 흉하게 돌출된다. 구멍이 난 옷은 그때부터 격식을 갖춰야 하는 자리에 입고 나갈 생각은 접어야 한다.

옷차림은 그 사람의 인품을 나타낸다고 했다. 반듯한 후배도 그런 옷을 남편에게 입힌다는 것이 용납되지 않았던 터라 조심을 당부했을 텐데, 도리어 불똥을 맞게 된 셈이다. 실수로 떨군 불티는 어쩔 수 없다 하더라도 마음을 달래줄 줄 아는 따뜻한 말 한마디면 운명의 곡선을 너그럽게 타고 넘어섰을 것을. 위로가 필요했다.

예닐곱 살 적이었다. 잠결에 눈을 뜨면 어머니 무릎에는 늘 하얀 옷감이 펼쳐져 있었다. 옷감은 어머니를 외부와 단절시키기 위해 지키는 병사들처럼 진을 치고서 계절에 따라 변화의 시간을 기다

마음에 떨어진 불똥은
총 맞은 것처럼 심장이 상한다.
억장이 무너지는 상실감이다.
애가 끊어질 듯한 시름이다.
마음은 병이 든다.
그 충격은 삶의 질을 떨어뜨리고 만다.

렸다. 때론 두루마기가 되기도 하고, 저고리와 바지, 조끼로 만들어지며 당신의 잠을 앗아갔다. 어머니가 여러 밤을 새우고 외출복을 마련해 놓은 다음 날은 영락없이 아버지가 출타했다. 다림질한 옷을 두 팔 위에 가지런하게 올려 안방을 지나 사랑방으로 가시던 어머니의 뒷모습이 애처롭게 보였다. 어머니는 남편의 어깨가 당당해지기를 바라며 한 땀 한 땀 바느질했으리라.

그런 어머니 인사에도 "담뱃불 조심 좀 하이소."라는 말이 빠지지 않았다. 아버지는 큰기침 한 번으로 끝을 내시고는 축담을 내려섰다. 무심했던 아버지처럼 무심히 떨어진 불티로 어머니의 수고로움은 허사로 돌아갔다. 어김없이 고운 옷에 구멍이 났다. 불똥이 튄 아버지의 옷도 외출복의 기능을 상실한 채 집에서만 입게 됐다.

옷도 옷이지만 사람 마음에 떨어지는 불티가 더 문제라는 생각이 든다. 옷은 버리면 끝이지만 마음에 떨어진 불똥은 총 맞은 것처럼 심장이 상한다. 억장이 무너지는 상실감이다. 애가 끊어질 듯한 시름이다. 마음은 병이 든다. 그 충격은 삶의 질을 떨어뜨리고 만다.

중국의 정치가이자 고급 관료였던 풍도가 《전당서全唐書·설시舌時》에 쓴 글이 있다.

구시화지문口是禍之門　입은 화를 불러들이는 문이요,
설시참신도舌是斬身刀　혀는 제 몸을 자르는 칼이로다.
폐구심장설閉口深藏舌　입을 닫고 혀를 감추면,

안신처처우安身處處宇 가는 곳마다 편안하리라.

  말을 해야 할 때와 말을 하지 말아야 할 때를 깨우쳐, 말조심을 처세의 근본으로 삼으라는 말이리라. 동서고금을 막론하고 항상 말을 경계하라 했다. 역사 속에도 혀를 잘못 놀려 재앙을 자초한 예도 많지 않은가.
  비 내리는 오늘 저녁, 날씨를 핑계 삼아 후배 부부를 불러 남편 흉도 봐가면서 삼겹살 파티나 해볼까. 내 가슴에 난 불티도 치료할 겸.

고통의 무게

해인사에 갔다. 홍류동 계곡엔 흐드러지게 핀 붉은 단풍과 가을을 즐기기 위해 모인 사람으로 인산인해였다. 문득, '대장경 천년축제'가 한창이던 몇 해 전의 기억이 떠올랐다.

대장경 축제는 현대문명 속에서 대장경의 역할과 의미를 알리고 미래의 새천년을 준비하자는 슬로건 아래 개최되었다. 대장경테마파크에서는 천년의 꿈, 살아 있는 지혜를 배우기 위해 시공을 초월한 팔만대장경의 신비가 다양한 행사로 펼쳐졌다. 그중에서 팔만대장경판의 수를 상징하는 81,258배에 도전하는 릴레이 108배가 눈길을 끌었다. 동참하고 싶은 마음에 체험관 문밖을 서성이다 고개를 디밀고 안을 이리저리 살폈다.

코너에 마련된 부스는 침침하면서도 아늑했다. 조금 어두운 조명은 다른 사람을 의식하지 않고 절을 해도 좋을 편안함이 느껴졌다. 단상에는 부처님이 모셔져 있고, 색이 없는 색을 의미하는 회색 빈 방석 서너 개가 놓여 있었다. 별다른 장식이 없는 것이 마치 검소하게 살아가는 스님의 처소를 닮았다.

 비워진 자리 하나가 나를 이끌기라도 한 듯 108배를 시작했다. 한참이 지나도록 심중心中을 바로잡지 못한 분심憤心은 냇가 자갈 사이를 빠져나가지 못하는 물처럼 들끓었다. 그만둘까 하다가 릴레이에 동참한다는 의미로 숫자만 채우기로 했다. 이마와 등줄기는 땀범벅이 되고 다리가 후들거리기 시작하더니 80배를 넘어섰을 때부터였을까. 몸이 가벼워지면서 순리대로 흐르는 차분함으로 마음이 편안해졌다. 그것이 눈의 경계와 의식의 경계까지 사라진 무상무념이었는지는 잘 모르겠지만 108배를 끝낼 수 있음에 감사드리며 다시 삼배를 올렸다.

 해인사 경내에서는 국제예술제인 '해인아트 프로젝트'가 열렸다. 미디어 아티스트들의 참여로 현대사회의 화두이기도 한 '소통'을 주제로 회화, 사진, 조각, 퍼포먼스 등 다양한 예술 작품들이 전시되고 있다. 일주문에 들어서기 전 넓은 터에는 '나 아닌 나'라는 제목으로 형상화했다. 대나무로 만든 거대한 사람 속에 또 하나의 사람이 들어서서 진정한 나는 누구인지를 자문하게 한다. 일주문에서 봉황문으로 가는 길가에는 196개 하얀 깃발이 '하나의 세계'로 경계가 없는 세상을 외치며 고목들과 함께 바람에 어우러져 휘날

린다.

　모든 고뇌와 속박에서 벗어난다는 해탈문을 들어서는데, 대적광전 앞 중정에 주먹만 한 크고 작은 빨간 보따리 수십 개가 줄을 세운 듯 나란히 놓여 있다. 아주 작은 것과 조금 큰 것, 손수건으로 싼 것도, 작은 보자기로 싸맨 것도 있다. 같은 크기는 어디에도 찾아볼 수가 없다. 보기 좋게 다듬은 것은 아니나 무의미하게 그냥 둔 것도 아닌 것 같다. 수월하게 옮겨다 놓을 수 없었을 것 같은 수고로움도 묻어난다. 각기 다른 무게를 싸고 있는 빨간 보자기 끝자락이 가을 따가운 햇볕 아래 바람에 나풀거린다. 그 모습은 큰스님의 강론을 들으려 모여든 불자들 같다. 법회가 열린 틈을 타서 '야단법석'을 떠는 속인들과 고행하는 이의 형상으로 와닿는다.

　관광객들도 의아해하는 표정이다. 외국인 여행자들도 서로를 바라보며 고개를 갸우뚱거린다. 내 발걸음도 가볍게 여기며 스치지 못하고 그 자리에 멈추었다. 호기심이 일었다. 조심스레 주변을 살피고는 그중 마음 가는 큰 보따리 옆에 쪼그리고 앉았다. 내 은밀한 내면을 파헤치듯 매듭을 풀기 시작했다. 한 매듭을 풀고서는 금방 후회막급이었다. 보자기 안에는 새까맣거나 꺼뭇하니 색깔도 곱지 않은 자갈과 잔잔한 돌멩이만 소복한 게 아닌가. 담장 아래나 공사판에 묻혀 있을 것 같은 흙투성이였다. 괜히 풀어 보았다고 자책하며 얼른 묶어두고는 한 걸음 뒤로 물러섰다. 그때야 '고통의 무게'라는 퍼포먼스 제목이 눈으로 들어왔다. 내가 잡은 보따리는 다름 아닌 내 삶의 무게였구나. 마음이 알아차렸다. 심오해지기까지 한다. 인생의 의미에 착안하며 심안으로 눈을 돌려 나를 살펴나 간다.

내 생각의 흐름은 순조롭고, 호흡은 고른가? 마음에 여백은 남겨 두었는가? 사고의 전환을 위해 의식을 다듬으며 살아왔는가? 매 순간 일어나는 욕망의 굴레에서 선택은 적절했는가? 화려한 보자기의 겉모습 안으로 굳어버린 내 사고가 파탈(擺脫)을 통해 나를 통찰하게 한다. 다시 내가 선택했던 무게의 보자기를 쓰다듬어 주고 구광루 처마 밑 그늘로 가 앉았다.

내 영혼이 몸을 빠져나와 나를 바라보듯 멀리서 바라본다. 업장을 짊어진 내가 햇살 아래 땀을 뻘뻘 흘리면서도 버리지 못한 채 고달파하고 있다. 온갖 기준을 들이대며 스스로 애태운다. 어느 것에도 자유롭지 못한 내가 다듬고 바로잡아야 할 마음의 뾰족한 모서리를 송두리째 동원한 채 허덕이고 있다.

머리를 흔들어 나를 깨운다. 너는 틀리고 나만 옳다는 아집뿐 아니라, 나라는 생각과 남이라는 생각까지도 내 잘못이었다. 영원할 것처럼 살다 지쳐 어디론가 떠나고 싶은 허전함까지도 욕심이었음이 느껴진다.

의식의 눈을 떴다. 스스로 닦고자 하는 마음이 시작되면 그때가 업장 소멸의 시작이라 했던가. 거부할 수 없는 내 꼴을 변명하지 않고 긍정적인 흔적으로 남기고 싶었다. '알고도 짓고 모르고도 지은 잘못을 참회하며 순화의 길을 걸어야 하느니라.'라는 심언心言이 들리는 듯 번쩍 정신이 들었다. 은은한 여운이 자리하는 자성의 시간이었다.

그날, 고통의 보따리는 짊어지고 가지 않겠다는 다짐으로 대적광전을 향해 합장하고 일주문을 나섰는데, 오늘 나는 여전히 번뇌에서 벗어나지 못하고 있지 않은가.

진실하여 허망하지 않을 나 자신의 고통을 정갈히 살아내기 위해 대적광전을 들어선다.

나는 누구인가

 '나는 누구인가?'라는 고민에 빠졌다. 성찰의 시간을 가져보라는 의미로 부여된 연수 과제물 때문이다. 시험을 안 친다고 좋아했는데 시험보다 훨씬 어려운 과제다. 쉬운 것만 좋아하는 미욱한 모습이 본래 나인지도 모르겠다.
 내가 나를 가장 잘 알고 있다고 믿어왔다. 그뿐인가. 나 자신과 한시도 떨어져 지낸 적 없으니 의심할 여지가 없다고 생각했다. 그러나 막상 '나는 누구인가?' 라는 질문에 고개만 갸웃거리고 있다. 정말이지 '나는 누구인가.' 빈 벽을 맞닥뜨린 듯 암담하고 착잡하기까지 하다. 이런 질문을 하는 스스로가 낯설다. 깊이 생각해 본 적이 없기 때문이다. 길을 걷다가 멈추어 서서 하늘을 올려다본다. 막막하기는 매한가지다. 나는 누구인가? 라는 제목만 되뇌다가 제

출일이 코앞으로 다가왔다. 발등에 불이 떨어졌다.

 인생 육십이라는 숫자가 다가오면 뭔가 이루어 놓을 거라 자신만만했다. 그 나이가 되면 부귀영화가 기다릴 줄 알고 나름 애를 쓰며 살았다. 굽은 길도 순리로 받아들이며 걸어왔다 생각했는데 막상 다다르고 보니 이룬 것 없이 내리막길로 들어선 기분이다. 자신감보다는 두려움이 앞선다. 만족보다는 허망함이다. 상상해 본 적 없는 어두운 현실이 당황스럽도록 울울하다. 해야 할 일이 무엇인지 깊이 고민하지 않고 막연하게 시간을 흘려보낸 것만 같다. 중심을 잡지 못하고 헤매다 자신을 벼랑 끝으로 내몰고 온 것 같다.

 마음을 잘 관리해야 했지만, 그렇지 못할 때가 많았다. 불평불만을 늘어놓다가 후회하기도 했다. 게으름을 피우다 일을 놓치기도 했다. 그뿐인가. 내 마음의 문이 닫힌 것도 모른 채 상대에게 마음을 열지 않는다고 탓한 적도 있다. 이런 모자람은 눈에 보이지 않지만, 느낄 수는 있어 괴롭고 부끄럽다.

 숨을 고르듯 가슴을 펴고 지그시 눈을 감아본다. 내가 누구인가를 알기 위해 나를 들여다보기로 한다. 안으로 눈을 돌릴수록 부족한 모습만 오롯해진다. 부정해도 소용없다. 그러면 앞으로 어떻게 살아갈 것인가. 옹졸하지 않게 마음의 문을 크게 열어 누구라도 편안한 마음으로 다가오게 하고 싶다. 따지지 않고 그들의 손을 따듯하게 잡아주고 싶다. 매사 긍정하는 생활 습관을 들이고 싶다. 견고하게 세워진 마음의 장벽을 허물어 바람과 새와 나비가 자유롭

'나는 누구인가.'
빈 벽을 맞닥뜨린 듯 암담하고 착잡하기까지 하다.
이런 질문을 하는 스스로가 낯설다.
깊이 생각해 본 적이 없기 때문이다.

게 드나들게 해야겠다. 때론 소나기도, 태풍도 지날 테지만, 그것마저도 순리로 받아들이는 사고를 길러야겠다. 버나드 쇼는 술병에 술이 반 남았을 때 어떻게 사고하느냐에 따라 낙관적인 인생관을 가진 사람과 비관적인 인생관을 가진 사람으로 나눠진다고 하지 않았던가. 나는 아직 인생 절반이나 남았다.

  가끔 방송이나 신문에서 인생을 잘 사는 사람을 보게 된다. 성공적인 삶으로 행복하게 살아가는 사람들은 공통점이 있다. 그분들을 직접 만나 본 적 없고 말을 나눠 본 적도 없지만, 혜안慧女을 가졌다는 점이다. 사물을 꿰뚫어 보는 안목과 식견을 가졌다고 모두 잘 사는 것은 아닐 것이다. 그들은 다른 사람을 위하는 너그러운 이해력과 포용력을 갖고 있으며 겸손하기까지 하니 부럽기만 하다. 혜안으로 자신을 알아차림은 자신을 다스리는 조절 작용이 된다.

  하늘과 땅에는 5월의 기운이 가득하다. 맑게 갠 날 초록이 기쁨을 흠뻑 들이마셨다가 내뿜는다. 진정한 삶의 맛을 담담함이라 이르듯 청초한 보리밭 사이로 봄의 참맛이 피어난다. 바쁜 시간 속에서도 여유를 가질 줄 알아야 함을 깨닫게 한다. 무엇에도 물들지 않는 순수함으로 한 걸음 뒤로 물러서서 나아가는 힘을 본다. 5월의 맑은 기운 받아 편안한 얼굴과 고운 말로 숨을 고르고 만사가 통하도록 중심을 찾아야겠다. 생각이 농후해진다.

  누가 알겠는가. 헤매면서도 열심히 살아가려 애쓰는 동안 눈으로 보이는 것만이 아닌 지성을 통해서 볼 수 있는 지혜가 나를 선하게 성장시키고 있는지도. 그러므로 나는 지금의 부족한 나를 사랑하면서 참된 미래를 향해 걸어갈 뿐이다.

율곡 이이가 입지를 위한 다짐으로, 마음을 보존하고 다른 생각에 휘둘려서는 안 되며, 반드시 이치를 궁리하여 선善을 행하여 올바른 도道로 나아가야 한다고 했다. 마음을 다잡았다. 실패나 시련이 두려워 아무것도 시작하지 않는 것은 어리석은 일이다. 무턱대고 아무 일이나 시작하는 것은 더 어리석은 것 같다. 그렇다면 독서보다 먼저 할 것이 어디 있겠는가. 오늘부터 나 자신을 돌아보는 데 도움이 되고 지금의 나를 바로 세워 미래를 실천하기 위해 독서를 제대로 해 나가야겠다.

젊은 날의 꿈

 책장을 정리하다 빛바랜 책 한 권을 발견했다. 수십 년의 세월을 아련한 기억으로 모으는 심훈의 소설《상록수》다. 주인공 동혁과 영신이가 펼친 희생과 꿈의 열정은 내 마음을 요동치게 했다. 내게 합천에 뿌리내리고 살게 한 마중물이 되기도 했다.
 그즈음 나는 대구 시내의 한 유치원에 근무하고 있었다. 시골 지역에 비해 좋은 시설과 다양한 프로그램들이 잘 갖춰진 교육 여건이 좋은 곳이었다. 편리한 교통과 문화생활에도 부족함이 없었으니 개인적으로 삶의 질이 높았던 시절이었다.
 낙엽이 흩날리는 어느 날 오후로 기억된다. 신사 한 분이 창문 너머로 교실 안을 살폈다. 연유를 물었더니 유치원 교사를 의뢰하기 위해 합천에서 대구까지 왔다고 했다. 합천이 어느 지역인지도 모르고

별 관심도 없던 내게 그는 푸념하듯 갈 생각도 하지 않고 도시의 교육 환경이 부럽다며 두런두런 이야기를 풀어 놓았다.

교회 부설 유치원을 설립한 지 삼 년이 되었으나 여건이 열악하다 보니 교사들이 일 년을 넘기지 못하고 떠난다고 했다. 아이들을 사랑하는 선생이 와서 희생과 봉사 정신으로 지도해주면 좋겠다는 말이 가슴을 저몄다. 기회가 되면 봉사하고 싶은 마음은 있었지만, 쉽게 결정할 일은 아니었다. 부모님께서 허리가 휘도록 농사지어 내주신 등록금으로 편하게 공부한 내가 열정만으로 연고도 없는 곳으로 간다고 하면 가족들의 반응이야 불 보듯 뻔한 일이었다. 지인들이라고 다르겠는가.

상념이 깊어질수록 《상록수》 속의 주인공 동혁과 영신이가 나의 등을 떠밀며 힘을 내라는 것 같았다. 젊은 혈기였을까. 마음이 앞선 나는 뚜렷한 계획이나 어떤 목표도 없이 그곳에 가야겠다고 다짐했다. 지금 실천하지 않으면 훗날 더 많이 후회할 것 같았다. 무슨 배짱이었는지 자신감도 뿜뿜했다. 도시의 편리한 생활도 좋지만, 벽지의 아이들을 가르치고 싶은 내 푸르른 날의 들끓던 열정이 용기를 내게 한 것이다. 만류하던 가족들과 안타까워하던 직장 동료들에게 3년만 봉사하고 돌아오겠다고 했다.

대구 서부 정류장에서 합천 가는 시외버스를 탔다. 시내를 벗어난 차가 비포장을 달리기 시작했다. 산으로만 둘러싸인 길은 돌고 돌아 긴 띠처럼 끝없이 이어졌다. 경북과 경남의 경계를 짓는 지릿

재를 넘어서면서는 덜컹거림과 어지러움을 견디지 못하고 멀미가 시작됐다.

　버스는 초행길을 나선 나에게 눈곱만 한 배려도 없이 사정없이 앞으로만 내달렸다. 차려입은 원피스 하얀 소매 끝자락이 창문으로 날아든 흙먼지로 얼룩졌다. 발은 퉁퉁 붓고 구두가 벗겨진 맨발은 강아지 발바닥처럼 까맣게 됐다. 열정만으로 되는 일이 아니니 정신을 차리라던 이들의 수많은 말이 화살처럼 쏟아졌다. 혼미해졌다. 누군가 합천 도착이라고 하는 말이 바람이 전하는 소리처럼 아득히 들렸다. 정신을 차리고 내려 보니 버스는 허허벌판 판잣집 같은 합천 터미널에다 나를 내려놓고 먼지 속으로 미끄러지듯 사라졌다.

　유치원에 출근했다. 말로만 듣고 상상했던 상황보다 더 열악한 환경이 펼쳐졌다. 출입문은 합판으로 만든 지 오래인 듯 삭아 내리기 직전이었고, 바람 드는 교실 틈은 벽지로 덕지덕지 발라 두었다. 한참을 가야 하는 크고 깊은 재래식 화장실은 끔찍하게 두려웠다. 더운 날이면 선잠 깬 똥파리가 생떼를 쓰듯 앵앵거렸다. 아이들을 위한 교구는 밤늦도록 재활용 물건들을 활용해 만들어 사용해야 했다. 재료 구매할 곳이 마땅하지 않아 대구나 진주까지 나가야 하는 불편함 또한 일러 무엇하겠는가.

　지역의 빈부 격차도 만만치가 않았다. 돈이 없어 소풍을 못 가는 아이, 2km를 넘게 혼자서 걸어 다니는 일곱 살 아이가 눈에 밟혔다.《상록수》속의 동혁이와 영신이가 어려운 환경을 위해 경제적으로 갈등하던 일과 유치원 환경이 닮아 있어 놀라웠다. 안타까움에 교회에서 운영하는 야학 봉사도 했지만, 근무하던 유치원은 경제난을 이겨내지 못하고 어려움에 봉착했다.

 학부모들과 정든 아이들의 손을 놓고 떠날 수도 없었다. 어려운 여건을 가진 합천 아이들을 위해 용기를 내라는 선배의 권유에 학원을 열기로 마음먹었다. 형편이 어려운 아이는 학원비 걱정 없이 다니게도 하고, 학업에 어려움을 겪는 아이들은 학습을 지도해주기도 했다. 봄이 가면 여름이 오고 열매가 익어가듯 그렇게 사람들과의 인연도 차츰 깊어갔다.

 삼 년을 기약했던 처녀는 배우자를 찾아 합천으로 달려왔던 걸까. 3년째 되던 해 합천이 고향인 남편을 만나 세 아이의 엄마가 되었고, 어느덧 중년의 나이로 철들어 간다. 세상이 빠르게 변했듯 합천도 많이 변했다. 흙먼지 날리던 터미널과 주변의 논밭은 빌딩으로 채워졌고 사람들의 의식과 문화 수준도 높아졌다. 모두가 어리석다는 염려를 아끼지 않았지만, 그 선택조차 최선이었음을 후회하지 않는다. 낯선 설움은 익숙한 친근감으로 바뀌었다. 상록수 주인공들처럼 뜻을 오롯이 펼치지 못했더라도 그 또한 내 그릇의 크기라고 받아들이면 될 일이다.

 4월이다. 들판에는 희망의 꼬투리가 푸르게 열리고 나는 지금도 아이들과 함께 지내고 있으니 내 꿈은 아직도 진행 중이다.

별것이 다 추억이 되고 그립다

생각조차 하기 싫은 일이 벌어졌다. 수필 수업 30분을 앞두고 강의실 천장에서 물이 떨어지고 있다는 전화를 받고 달려갔다.

다행히 물벼락은 강의실이 아니라 복도에서 일어났다. 바닥으로 떨어지는 물을 받기 위해 통을 받치고 위를 올려다보았다. 천장 속에 설치한 물 배관이 낡아 구멍이 난 것이다. 물이 스며들면서 천장 타일 일부가 떨어졌고 그 속에 있던 배관과 전선들도 흘러내려 복도 한가운데 흉물스럽게 늘어졌다. 떨어진 물은 문틈을 지나 강의실 곳곳에 고이는 중이었다.

나는 팔을 걷어붙였다. 빗자루를 찾아 물을 쓸어내고 쓰레받기로 물을 퍼 담았다. 걸레로 주변을 닦으며 서둘렀다. 한참 후 소식을 들은 당직자가 달려왔다. 걱정을 드려 죄송하다는 인사와 함께 나머지는 자신이 수습할 테니 수업에 들어가라고 했지만, 불안함에 그냥 들어갈 수가 없었다. 수십 년 전 그날이 트라우마처럼 떠오른 걸까.

내가 처음 학원 문을 열었던 곳은 도로변에 있는 10평도 채 안 되는 시멘트로 지어진 적산가옥의 2층이었다. 선배가 하던 학원을 인수하게 되었는데 생각보다 많이 낡았다는 것을 차츰 알게 되었다. 그 낡은 건물 벽 양쪽에는 네 개의 큰 창문이 위에서 아래로 내리도록 나 있었는데 그중 두 개는 고장나서 못 박힌 채였다. 나무로 된 바닥은 고르지 않았다. 아이들이 뛸 때마다 삐걱거리는 소리 때문에 아래층 사람들에게 늘 미안한 마음을 안고 살아야 했다. 두꺼운 카펫을 깔아 보아도 소용이 없었다.

마당 안쪽으로는 주인댁 기와집이 저택처럼 들어앉아 있고, 길 쪽으로 난 학원 밑 1층에는 서너 개의 작은 방을 더 달아내어 사람들이 세 들어 살았다. 그들은 깨지고 움푹 파인 좁은 마당을 미로처럼 드나들며 화장실과 수돗물을 공동으로 사용했다. 많이 불편했을 텐데 누구 하나 불평하는 사람도 없이 올망졸망 모여 살았다. 불평한다고 해서 달라질 것이 없다는 것을 이미 알았던 것일까. 서두르지 않고 자신들의 보폭에 맞춰 살아갈 만큼 득도한 사람들일까. 만족할 줄 아는 넉넉한 마음을 가진 사람들이 분명했다. 그 모습은 상황에 적응하는 인간의 거룩한 본능처럼 보였다. 그들은 객지 생활로 외로웠던 시절의 내게 기댈 수 있는 든든한 어깨가 되어

주었다.

 잿빛 구름 가득한 여름날 저녁 무렵, 장맛비가 억수같이 내리기 시작했다. 바람과 함께 뿌려대는 비는 세상을 물에 잠기게 할 작정이라도 한 듯 쏟아졌다. 학원에 물이 들까 걱정이 되어 자취방을 나섰다. 아니나 다를까 비가 창문을 타고 여기저기서 안으로 떨어지고 있었다. 깔아 놓은 카펫은 이미 물배를 채우고 더 넣을 곳이 없어 토해낸 듯 절벅거렸다. 온통 물바다였다. 다급해진 나는 맨발로 주인댁에 쫓아갔다. 주인은 커다랗고 긴 비닐을 여러 개 가지고 올라오더니 벽에 박힌 못에다 비닐의 한쪽 끝을 걸고 반대쪽은 창문을 조금 열고 걸쳤다. 비가 비닐을 타고 창밖으로 빠져나가게 임시 방편을 해주었다. 뚝뚝 떨어지는 천장 아래는 커다란 함지박으로 받쳐놓고 물이 차면 버리라고 일러주고는 갔다.

 그날 저녁 나는 밤새도록 물을 퍼냈다. 바닥의 물은 걸레로 적셔 짜고 또 짜서 버려도 그대로였다. 모든 것이 젖었고 마음마저 물에 잠겼다. 내 몸은 물에 젖은 옷으로 한기가 들었으나 어찌되든 상관이 없었다. 다음 날 수업을 어떻게 해야 할지 난감하기만 했다. 이런 곳에 산다는 게 창피하기도 하고 자존심도 상했다. 타향살이를 자초한 내 신세가 서러웠다. 결혼을 권하는 가족들에게 학원을 운영해 보겠다고 고집을 부렸으니 도움을 요청할 수도 없었다. 오롯이 혼자서 감당해야 할 일이었다.

 그 집에서 몇 년을 불안하게 살면서 집에 물이 새는 꿈을 꾸기도 했다. 천장에서 흘러내리는 비를 보고 어찌지 못해 혼자 안달하다 눈을 뜨면 꿈이라서 얼마나 다행이었던가. 온몸은 안도감과 함께 아리고 쥐가 났었다.

얼마 전, 그 주변이 개발된다는 소리가 들렸다. 주변이 정비되나 보다 했는데 학원을 했던 적산가옥이 흔적도 없이 사라져버렸다. 주인이 살던 기와집도 기둥만 남고 몽땅 헐린 공터가 눈에 들어왔다. 나는 선뜻 그곳에 가까이 가지 못한 채 멀리 서서 바라만 보았다.

다시는 생각하고 싶지 않은 지난날에도 새살이 돋았나 보다. 머무는 마음은 온종일 천진했던 아이들과 이웃들에 대한 그리움뿐이다. 떠나가 버린 추억만이 한 줌 햇살이 되어 그 자리에 맴돈다. 별것이 다 추억이 되고 그리워지는 날이다.

장어 이야기

 칠월의 더위가 며칠째 37도를 오르내리며 불기둥을 세운다. 대지도 불 위에 올려진 곰솥처럼 달궈졌다. 조금만 움직여도 얼굴에서부터 시작하는 땀이 등줄기를 타고 줄줄 흘러내린다.
 당숙모님에게서 연락이 왔다. 이럴 땐 보양식을 먹어야 한다며 민물장어집으로 호출이다. 나와는 다섯 살 차이가 나는 시댁 어른이지만, 때로는 언니 같고 때로는 친구같이 편하게 지낸다. 멀리서 시집왔다는 공통점이 있어선지 가끔 타향살이의 고달팠던 설움도 함께 푼다. 모처럼 휴일을 맞아 장어로 더위를 이겨내고 싶었던가. 피로와 원기 회복에 좋다는 장어를 노릇하게 구워 쌈을 싸서 입에 넣어준다.
 보양식을 논할 때 장어를 빼놓고는 이야기가 되지 않는다. 영양

성분이 고루 함유되었다는 것을 일일이 열거하지 않더라도, 장어가 좋다는 이야기는 우리나라뿐 아니라 일본과 중국에서도 전해온다. 일본 가집歌集인《만엽집萬葉集》에 '여름 더위로 몸이 마르는 데는 장어가 좋다.'라고 나와 있다. 중국《계신록稽神錄》에는 '돌림병을 얻은 여인에게 매일 장어를 끓여 먹여 살아나게 했다.'라고 전한다. 조선 후기 정약전이 쓴《자산어보慈山魚譜》에도 '설사가 있는 사람은 장어를 죽으로 끓여 먹으면 곧 낫는다.'라고 적혀 있으니 장어는 음식으로뿐만 아니라 약으로도 귀히 쓰였음이다. 그러나 나는 장어를 생각하면 기가 막히고 낭패스러웠던 일이 아찔하게 떠오른다.

몇십 년 전 어느 가을이었다. 학원생을 데리고 대구 앞산공원으로 소풍을 갔다. 관광버스가 고속도로 위를 달리는데, 다섯 살짜리 꼬마가 멀미를 심하게 했다. 응급 상황이라 갓길에 차를 세웠다. 얼굴을 닦고 옷을 갈아입혀 무릎에 눕혔다. 아이는 놀이공원에 도착했으나 아예 걸으려고도 하지 않았다.

앞산공원이 지금이야 좋아졌지만, 그때는 산 아래에서 꼭대기까지 걸어서 올라가야만 놀이기구를 탈 수 있었다. 그냥 걸어도 숨이 차서 쉬엄쉬엄 올라야 하는 곳이다. 아이는 내가 책임지기로 하고 인솔은 다른 선생님께 맡겼다.

그때 나는 임신 8개월째. 아이를 업고 걷다가 숨이 차면 다시 안았다. 안았다고 하지만 실상은 내 불룩한 배 위에다 앉혀 산 정상

장어를 생각하면
기가 막히고 낭패스러웠던 일이
아찔하게 떠오른다.

까지 오른 셈이다. 배 속에서 발버둥을 친 아기의 아우성은 헤아리지도 못한 채. 그날 밤, 아이는 나의 무지함으로 양수가 터져 2.5kg의 팔삭둥이로 세상 밖으로 나오고 말았다. 그 아들은 자라면서 잔병을 달고 살았다.

아들이 다섯 살 즈음의 일이다. 장터에 나갔더니 사람들이 민물장어를 파는 가게 앞으로 웅성거리며 모여들었다. 커다란 고무 통 안에 퍼덕거리는 장어를 보며 물이 좋다고 입을 모았다. 장어를 곰탕처럼 진하게 달여 마른 아이에게 먹이면 살도 찌고, 밥을 안 먹는 아이는 입맛이 돌아와 밥도 잘 먹고, 키가 쑥쑥 크면서 병치레도 하지 않는다는 말에 덥석 두 마리를 샀다. 이걸 고아서 먹이면 아이의 기운이 마구 솟아날 것만 같았다. 병약한 아들을 위해 무엇인가를 해줄 수 있다는 사실에 기분이 좋아졌다.

장어를 들고 집으로 와 선반에 올려둔 곰솥을 내려 가스 불을 약하게 켜고 올렸다. 냉장고에 넣어둔 참기름도 넉넉히 부었다. 그러고는 아주머니가 시키는 대로 장어를 살며시 솥 안으로 넣는 순간, 솥뚜껑이 휙 날아가고 장어는 부엌 천장까지 튀어 올랐다. 한 마리도 아닌 팔뚝만 한 장어 두 마리가 온 부엌을 헤집고 다니기 시작했다. 어떻게 부엌문 밖으로 뛰어나왔는지 기억이 없다. 문을 박차고 나올 것 같은 그놈들을 막기 위해 미닫이로 된 부엌문을 발로 괴고 온몸으로 밀었다. 뜨거운 기름에 데어 살점이 흐물거리던 두 놈의 까만 눈과 내 눈이 정면으로 마주쳤기 때문이다. 너무나 선명했다.

자꾸만 나를 노려보는 것 같아 두 손을 모으고 빌고 또 빌었다.

"잘못했어요. 잘못했어요." 얼마나 빌면서 울었던지. 퍼덕거리던 장어는 조용해졌지만, 도저히 다시 부엌문을 열 용기가 나지 않았던 그날의 아찔한 후유증은 오랫동안 뇌리에 남았다. 십여 년이 지난 후에야 어머니께서 도와주어 성공했다. 이후로, 장어탕과 장어구이를 먹게 되었다.

살아오면서 낭패를 당하는 일이 어디 그뿐일까. 경험 미숙으로, 때로는 무지와 욕심으로 낭패를 겪은 일이 한두 번이 아니다. 그런 과정을 겪으면서 연륜이 쌓이고 깨달으며 조금씩 익어가는 것 같다.

나도 쌈을 먹음직스럽게 싸서 당숙모님 입에 넣어 드렸다. 짠하고 부딪히는 맑은 소리가 기분 좋은 날이다.

코로나19 소동

새로운 이름 하나가 상담실 출입문에 달렸다. '일시적 관찰실'이다. 본명이 있는데 명줄을 잇기 위해 지은 예명처럼 보인다. 검고 붉은색으로 조합된 큼직한 글씨는 검은콩 사이사이 붉은 팥이 콕콕 박힌 것 같다.

코로나19 증상이 있어 보이는 학생을 격리할 공간이 없어 의논하던 중 상담실 사용을 흔쾌히 허락한 결과다. 코로나 때문에 생긴 특별한 현상이다.

2020년 5월 27일, 코로나 이후 첫 등교일이다. 전교생 개학이라는 기쁨에 교문도 활짝 열렸다. 60명 이하의 작은 학교는 학교장 재량으로 전체 학생 등교가 가능하다는 규정에 따른 것이다. 대도시 같았으면 어림도 없는 일이지만 지역적 특성과 환경이 고려된

덕분이다.

　내가 근무하는 곳은 40여 명이 자연과 더불어 생활하는 작은 시골 학교다. 교실에서 바라보이는 산에는 푸른 초여름의 향연이 펼쳐지고 교문 앞 5월 들판에도 황금색 보리가 파도처럼 일렁인다. 담장엔 장미가 만발하고 사방이 풍성하다. 여름이 되면 사택 마당에는 통통 튀는 아이들처럼 새콤달콤한 자두와 오이, 고추, 옥수수가 익어간다. 찬바람 부는 가을이 되면 운동장 가장자리 단감나무가 아이들의 간식이 되는 풍성한 곳이다.

　중앙 현관 너럭바위처럼 넓은 테이블 위에는 아홉 개의 화분이 소담스럽다. 신입생을 맞이하기 위해 오래 기다렸다. 코로나19를 잘 이겨내고 만나자며 아홉 명의 아이들이 손을 잡은 듯 둥글게 놓여 있다. 담임은 아이들을 살피듯 애지중지다. 꽃은 주인을 기다리며 꽃봉오리를 맺었다. 하루빨리 만날 수 있기를 염원하며 그들을 위해 기도하는 천사들 같다.

　상담실에서도 심리 지원을 위한 깜짝 선물을 준비했다. 휴대용 손 소독제와 초콜릿으로 달콤한 등굣길을 열어주기로 한 것이다. 희망의 메시지 한 줄도 담았다. "꽃처럼 예쁜 여러분을 환영합니다."라는 푯말을 들고 학생들을 맞이하는 아침은 생기가 돈다. 아이들의 즐거운 비명에 잠자는 공주가 마법에서 깨어난 듯 학교가 활기를 찾았다. 그러나 살얼음판 위를 걸어가듯 일상은 조심스럽게 흘러간다.

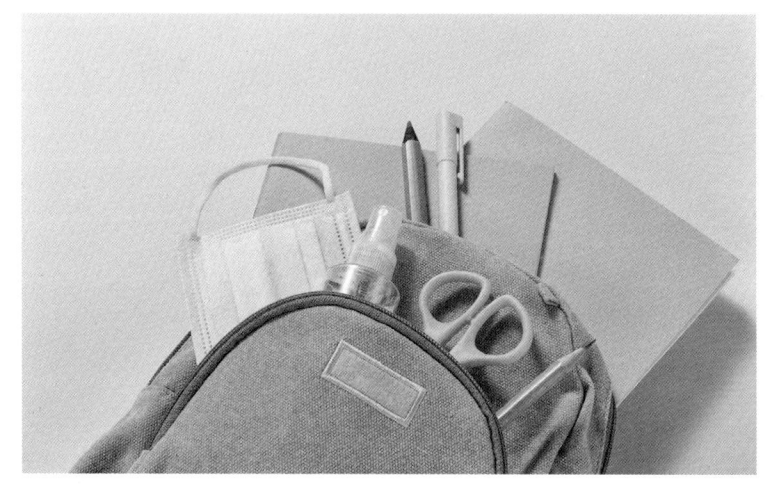

개학 사흘째다.
아이가 열이 난다며 1학년 담임의 다급한 목소리가
수화기를 통해 들려온다.
문을 열고 들어서는 여자아이 얼굴에 핏기가 없다.
단발머리 소녀의 그을리고 까무잡잡한 피부가 열이 오르고
고통이 더해지면서 그렇게 보인 것이다.

개학 사흘째다. 아이가 열이 난다며 1학년 담임의 다급한 목소리가 수화기를 통해 들려온다. 문을 열고 들어서는 여자아이 얼굴에 핏기가 없다. 단발머리 소녀의 그을리고 까무잡잡한 피부가 열이 오르고 고통이 더해지면서 그렇게 보인 것이다. 38.2도. 오르는 열에 아이는 시든 풀처럼 축 처졌다. 의자에 앉아 고개를 뒤로 젖힌 눈에서 눈물이 흘러내린다. 마음이 짠하다.

작은 무릎담요를 펴서 아이를 안아 눕히고 허리를 펴려는데 문이 열린다. 교장과 담임 선생님이다. 출입문을 열고 멀찍감치 서서 아이의 상태를 확인하고는 뒷걸음치듯 물러서며 문을 닫는다. 순간 온몸에 찬물 한 동이를 뒤집어쓴 듯 소름이 돋으며 정신이 번쩍 든다.

지금 이 상황은 뭐지. 그럼 나는 장갑도 끼지 않은 무방비 상태로 노출된 채 코로나 환자와 접촉했단 말인가. 함부로 대처해도 되는 일이라면 이렇게 세상을 뒤집고 있겠는가. 그제야 우주인처럼 방호복과 장비로 온몸을 완전히 무장한 상태로 환자를 대하던 의료진들 모습이 선명하게 떠올랐다. 나는 하룻강아지 범 무서운 줄 모른 채 무지하게 대처한 것이다.

던져진 주사위 같은 상황에 마음을 챙기고 걱정이 되어 오는 선생님들도 얼른 나가라며 문을 굳게 닫았다. 아이와 같이 이 사태를 이겨내야 한다고 생각했다. 그새 아이는 아무것도 모르고 고된 여행에서 돌아온 듯 잠이 들었다. 눈꼬리에 고인 아이의 눈물 속에 내 어릴 적 모습이 겹쳐진다.

  초등학교 2학년쯤이었을까. 아파 조퇴를 한 것 같다. 교통과 통신이 불편했던 시절 아파도 2킬로나 되는 비포장길을 혼자 걸어서 집으로 가야 했다. 그날따라 그 길은 더 멀고 까마득하기만 했다. 겨우 몸을 끌고 집으로 들어서며 어머니의 품에 안겨 서럽게 울었던 기억이다. 아이도 아픈 몸으로 엄마를 기다리며 얼마나 속울음을 울었을까.

  다행히 소동은 초기 감기로 끝이 났다. 교장 선생님의 태도에 서운하고 두려웠던 상황을 이야기하며 학교 휴게실에는 화해의 웃음소리가 났다. 그날 이후 하루빨리 코로나19가 사라지길 바라며, '일시적 관찰실'이란 이름표를 단 상담실은 비상용품들로 가득 채워졌다.

새로운 출발을 위하여

　벽에 걸린 시계가 새벽 5시를 가리킨다. 병실은 희미한 전등 불빛 아래 어두운 침묵이 주저앉은 듯 고요하다. 나는 새날을 기대하며 영혼마저 삼켜버릴 것 같은 두려운 시간 속에서 눈을 뜬다. 희망과 절망이 공존하며 신음으로 밤을 견뎌낸 남편에게 엷은 미소를 건넨다.
　남편이 중환자실 병상에 누워 있다. 계단에서 발을 헛디뎌 굴렀는데 목 아래로 바람 빠진 타이어처럼 망가지고 말았다. 경추가 손상된 것이라 했다. 주변에서는 서울 큰 병원으로 가라고 권했지만 소용없는 일이었다. 의사는 현재 상태에서 이동하는 것은 환자에게 남아 있는 희망마저 포기해야 할 정도로 위험 부담이 크다고 했다. 가족회의를 했으나 선택의 여지 없이 의사의 권고를 받아들일

수밖에 없었다.

남편이 누운 병상 아래 간이의자가 내 침대가 되었다. 눈만 껌벅이는 남편을 가만히 바라본다. 그가 보내는 간절함이 그대로 느껴진다. 남편의 얼굴에 내 볼을 갖다 대어본다. 감각 없는 몸이지만 밤새 주물러야 눈이라도 붙이는 그의 볼은 따뜻하다. 괴로움은 살을 맞대고 살아온 남편을 위해 아무것도 해줄 수 없다는 것이다. 평범했던 일상이 소중하고 아름다운 추억으로 다가온다.

그는 내게 우직한 아름드리 소나무 같았다. 180cm의 키에 90kg이나 되는 체력으로 감기 한 번 앓아본 적 없는 건강을 타고난 사람이었다. 황소 같은 고집스러움이 나를 지치고 힘들게 했지만, 결혼 후 지금까지 내 생일이 되면 조기를 굽고 미역국을 끓여주는 따뜻한 인간미도 있었다. 사회생활이나 가족 관계에서도 긍정의 아이콘으로 살아오지 않았던가. 남편을 살려야 한다는 일념이 삶의 목표가 되고 보니 지나온 작은 일들까지 호사스러웠던 날임을 알게 되었다.

남편의 수술 전날 밤, 자정이 가까웠지만 잠을 이룰 수 없어 병원을 나왔다. 비는 종일 내리고도 밤까지 부슬부슬 내렸다. 손에 우산 대신 소원 하나를 꼭 잡고 걷고 또 걸었다. 비가 부드럽게 피부에 닿았다. 어머니의 손길 같았다. 끓는 애간장을 식혀주듯 온몸을 타고 내렸다.

의사는 1차 수술을 하고도 지켜봐야 한다고 했다. 평생 누워 있을 수도 있고 의식이 온전히 돌아오지 않을 수도 있다고 했다. 그 말은 망망대해를 건너야 하듯 까마득하게 들렸다. 나는 남편의 생명을 관장하는 의사를 붙들고 최선을 다해 주기를 애원했다.

절망의 끈을 잘라내려는 가족들의 간절함이 환자의 온몸을 뚫고 들어간 것일까. 남편은 중환자로 입원한 지 한 달이 지나면서 자신에게 드리워진 장애의 어둠을 미세하게 걷어내기 시작했다. 모든 감각이 차츰 깨어나고 있었다. 기적이었다. 2차 수술도 하지 않고 달팽이 걸음보다 더디고 느리기는 하지만, 감각들이 살아나고 있는 것이 아닌가. 그것은 마치 갓난아기의 발달 과정을 보는 듯했다.

남편은 물 한 모금조차도 혼자 마실 수 없었다. 늘어진 몸을 재활기구에다 묶고 운동을 했고, 기계의 힘을 빌려 감각을 깨우고, 나무토막처럼 굳어가는 근육을 풀었다. 팔다리를 오므리고 펴고 걷는 일, 숟가락으로 밥 한술 떠먹는 일이 그토록 피눈물 나게 힘겨운 일일 줄이야. 재활은 긴긴 수렁에 빠진 자신을 건져내야 하는 고독과의 처절한 싸움이요 인내였다.

아들과 두 딸에게도 아빠의 사고는 충격이었다. 걱정은 되지만 현실에 충실해 줄 것을 권했다. 그러나 아이들의 의지는 분명했다. 셋이서 당번을 정해 일심으로 남편 재활 운동을 책임지겠다는 것이다. 공부하기에도 부족한 시간을 쪼개 마음을 쏟았다. 아빠가 심한 고통의 상황에서도 포기하지 않고 한 걸음 한 걸음 용기 낼 수 있게 어르고 달랬다. 덩치가 큰 녀석들의 애교스러운 모습을 물끄러미 바라본다. 아이들을 키울 때 남편이 아이들에게 해주었던 일을 지금은 그들이 아빠를 위해 하고 있다. 지극정성이다. 자식들에게 평생 받을 효도를 넘치도록 받고 있다.

 기쁨과 고통은 공존하는 것인가 보다. 남편은 조금씩 회복되면서 희망이 생기는가 했더니 자신에게 처한 현실을 인정하기 힘들어했다. 우울감으로 먹어대는 술과 내뱉는 절망의 말들은 나를 채찍으로 후려갈기는 것 같았다. 대화는 단절되고 나는 숨을 쉴 수가 없을 정도로 두려움에 휩싸였다. 그럴 때마저 힘든 내색도 하지 못하고 그를 달래며 견뎌내야만 했다.

 세상이 무너지는 시련의 대상이 내가 될 거라곤 꿈에도 생각하지 못하고 살았다. 119는 나와 상관없는 누군가를 위한 응급 구조대인 줄 알았다. 맞닥뜨리고 싶지 않은 일생일대의 난관을 만난 것이다.

 그런 절망 속에서도 남편 몸의 세포들은 살기 위해 몸부림쳤다. 이제 남은 일은 남편 스스로 다시 주어진 생명을 귀히 여기며 새롭게 출발하는 일이다. 그와 나의 소중한 새출발을 위해 햇살 가득한 아침 창문을 활짝 열며 되뇌어 본다. 이 또한 지나가리라.

희망으로 가는 기준

읍지 출판기념식 초대장이 왔다. 주민의 한 사람으로 축하할 일임이 분명했다. 지역에 대한 애향의 뿌리를 다지고 있던 터라 반가움이 배가되었다. 문화예술회관에는 고향과 지역 사랑을 외쳐 왔던 분들이 반갑고 기쁜 마음으로 모였다. 좌석마다 가슴으로 보듬어야 할 만큼 묵직한 부피의 책 한 권씩이 놓여 있었다. 청록으로 단장된 표지 안에는 고장의 역사와 얼이 고스란히 담겨 있으리라.

얼른 무릎에 올리고는 첫 장을 열었다. 환경, 정치, 교육, 사회복지 및 도시 발달, 마을, 인물, 종교 등 다방면에 세심한 정성을 기울인 흔적들이 역력했다. 책의 편찬에 적잖은 노고를 들인 점에 감사하던 중, 한 대목에 내 눈길이 멈췄다. 제16편 '세월에 묻혀버린 이야기들'이다. 타지 출생자의 글 속에 나의 글도 있었다. 순간 읍지 편찬 이야기가 오가던 때의 황당했던 그 기준이 뇌리를 자극했다.

지난해의 일이다. 글쓰기 공부를 하고 점심을 먹는 자리에서 읍지 편찬 이야기가 오갔다. 어느 분야에도 역량이 미치지 못하는 나로서는 지역민을 위한 책이 제작된다는 소식을 듣는 것만으로도 감사하게 여겼다. 현재의 행정구역으로 확정이 되고 100여 년이 지났음에도 제대로 된 기록이 없으니 후손들에게 제대로 된 내 고장의 역사를 물려주자는 사명감으로 편찬하게 된 것 같았다.

역사를 잊은 민족은 미래가 없다고 했다. 역사가 어찌 국가와 민족에게만 있으랴. 내 고장, 내 가족 그리고 나 자신의 과거 하나하나가 쌓여 거대한 역사의 흐름을 만들어 간다. 그러한 뿌리를 찾고자 하는 모습에서 지역과 더불어 나라의 장래는 밝다고 여겼다.

오랫동안 잠재워진 역사의 실마리를 찾아내는 일이 간단할 리가 없다. 자손들이 번성한 가문의 일을 훤히 알고 계시는 분도 있고, 오래전 마을의 옛 모습들이 담긴 사진, 어려운 시절 자신의 곡간을 털어 가난한 이웃들에게 양식으로 나누어 주었다는 집안의 역사 등 자료들은 모두 묵혀둔 씨간장처럼 소중한 것이다. 선조들은 당연히 기록으로 남겨야 하고 후손들은 마땅히 본받아야 할 정신적 문화유산들이다.

주제에 걸맞게 청국장 정식으로 준비한 훈훈한 점심을 들 참이었다. 돌멩이 하나가 입안에서 씹히듯 '딱' 하는 충격이 와닿았다. 인

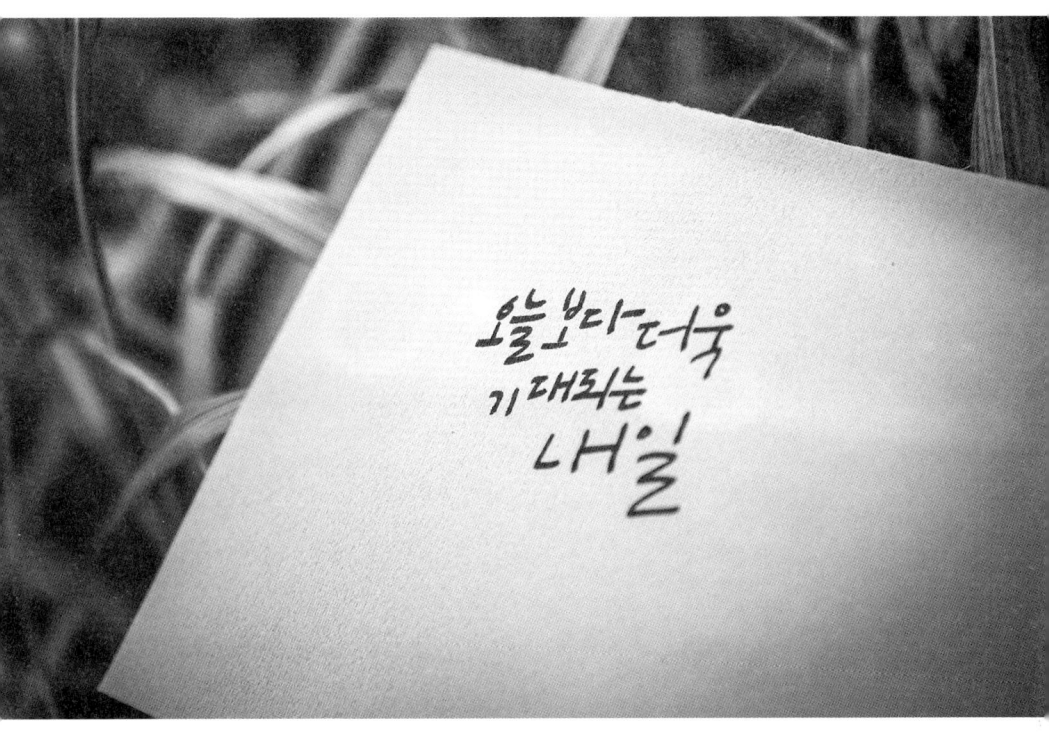

현재 충심으로 지역 발전을 위해 헌신하는 사람 중에서
다른 곳 출신자가 적지 않다.
그들이야말로 우리의 자산이고 발전의 밑거름이다.
우리 지역이 좋아 결혼하고 자식을 낳고 기르며
이곳을 삶의 터전으로 삼는다면 얼마나 큰 행운인가.
그런 기쁨은 열린 마음에서 비롯될 것이다.

물의 선정 기준은 이곳에서 출생한 사람에 한정한다고 했다. 반사적으로 되물었다. 태어나기만 하고 평생 객지에서 산 사람들은 기준에 합당하고, 뼈를 묻고 살더라도 출생이 타지라는 이유로 기준에 배척되는 것이 현시대에 맞는 말이냐고. 지금은 기준이 그렇게 정해졌지만 생각해 봐야 할 문제라는 분위기로 이야기는 막을 내렸다.

멀고 먼 길을 헛돌아 걸어온 듯 까마득해지는 허탈감과 소름이 온몸에 돌았다. 그렇다면 합천 토박이 남편과 결혼해 30년을 넘게 살고 있으며 앞으로도 살아가야 할 나의 존재는 무엇이란 말인가. 기본적인 것조차 공정하지 않은 폐쇄된 이곳을 내 아이들에게 내 고향에 대한 자긍심을 잊지 않도록 훈육하며 오늘에 이르렀단 말인가.

머릿속이 하얘지는 것 같았다. 지금이 무슨 골품제 시대인가. 이것이 명색이 지역의 유지라는 분들이 모여 공론화한 기준이라니. 그들의 방식으로 사랑해 온 지역의 현주소가 기껏 소멸 대상 순위에 이름이 올랐던 것 아닌가. 그것이 진정 내 고장을 사랑하는 방식이며, 누구나 오고 싶고 살고 싶은 농촌을 만들고자 밤낮없이 힘쓰는 사람들에 대한 처사일까.

집에 와서도 야속한 마음이 해소되지 않았다. 대뜸 남편에게 물었다. "나는 어느 지역 사람입니까?" 목소리의 균형까지 깨졌다. 내 얘기를 잠자코 듣고 있던 남편이 입을 열었다. 당신을 평생토록 중전마마로 모실 흑기사가 되겠다는 기준을 정할 테니 고정하라며 달래던 일이 읍지 위로 펼쳐진다.

　기준에도 도전과 성공 행복을 기대할 수 있으면 얼마나 좋을까. 농촌 인구 증가 정책을 위해 멀리까지 와서 가정을 이룬 다문화 가족들이 소외감이 들지 않았으면 좋겠다. 농촌에 살아보고 결정하라는 귀촌 장려의 배려가 진실한 온기로 전해지면 참 좋겠다. 지역 이기주의에 질려 귀농한 사람끼리 뭉쳐야 살 수 있다는 거리감이 형성되지 않았으면 정말 좋겠다.

　대대로 뿌리내리며 사는 사람일수록 타지인을 보듬어 줄 수 있는 포용력을 가져야 한다. 그렇게 될 때 우리 후손들이 새로 만들 지역의 기준 또한 한층 격상될 것이다. 현재 충심으로 지역 발전을 위해 헌신하는 사람 중에서 다른 곳 출신자가 적지 않다. 그들이야말로 우리의 자산이고 발전의 밑거름이다. 우리 지역이 좋아 결혼하고 자식을 낳고 기르며 이곳을 삶의 터전으로 삼는다면 얼마나 큰 행운인가. 그런 기쁨은 열린 마음에서 비롯될 것이다.

　그 기준에 대한 황당한 일이 있었던 이후 편찬위원회에서 첨가한 기준 하나가 있다고 했다. 읍 출생이 아니더라도 30년 이상 거주한 사람들에게 그간의 경험을 글로 받아 싣기로 했단다. 이 기준을 보고 29년을 살아가고 있는 사람은 어떤 마음일까. 기준은 상황과 인식을 넓혀 정신적 만족을 끌어낼 수 있어야 한다. 그런 면에서 이번에 출판된 읍지는 희망으로 가는 기준이 되기를 바란다.

내 몸에 핀 꽃

잠결에 왼쪽 발등이 가려웠던 모양이다. 손톱으로 발등을 벅벅 긁어대다 눈을 떴다. 무심결에도 손이 닿기 쉽게 다리를 엉덩이 쪽으로 당겨놓고, 발목은 바깥쪽으로 틀어놓은 상태로 팔을 뻗어 얼마나 세게 긁었는지 가시덤불에 좍좍 긁힌 것처럼 아팠다.

어둠 속에서 손끝 감각을 깨워 살살 만져본다. 마치 살에다 좁쌀을 꼭꼭 박아놓기라도 한 듯 도돌도돌한 게 발등 전체로 퍼져 있다. 가려움은 쓱쓱 긁으면 시원한가 싶었는데, 긁으면 긁을수록 손을 뗄 수가 없다. 흉악한 벌레가 피부 속을 꼬물꼬물 돌아다니면서 균을 퍼뜨리는 것 같은 그 찜찜하고 끔찍스러운 느낌. 벌떡 일어나 앉았다.

불을 켰다. 발진은 흩뿌려져서 피어난 붉은 야생화처럼 눈곱만

한 게 발가락에서부터 허벅지까지 뒤덮여 있었다. 놀라움이 채 가시기도 전 그것은 손을 댄 곳을 시작으로 콩알만 한 두드러기로 변해 종아리와 허벅지 엉덩이까지 뭉텅뭉텅 무리 지어 울룩불룩 올라왔다. 오싹했다.

날이 밝기를 기다려 병원에 갔다. 의사는 바짓가랑이를 걷어올린 후 내 다리에 돋은 두드러기를 보는 둥 마는 둥 눈길 주는 시늉만 하더니 진단과 처방을 내렸다. 봄철 알레르기 피부염이란다. 대수롭지 않다는 것일 수도 있고, 이런 환자들이 많으니 말만 들어도 알겠다는 뜻일 수도 있겠지만, 무성의한 의사의 행동이 못마땅했다. 환자의 고통 따윈 안중에도 없는 장사꾼 같은 의사는 약을 먹고 일주일 후에 다시 오라고만 했다.

고집스레 올라오던 놈들이 주사 한 대를 맞고 맥없이 스러졌다. 속이 시원하고 신통방통하다 했지만, 그것도 잠시였다. 두드러기는 사태가 불리할 때 일단 후퇴를 했다가 다시 진격해 오는 적군들 같기도 하고, 약기운이 떨어지니 고개를 쳐들고 피어나는 마법에 걸린 꽃처럼 발긋발긋하게 피어올라 나를 괴롭혔다. 다시 병원을 찾았지만, 특별한 원인도 없고 이러다 멈추기도 한다는 미봉책에 불과한 약물 처방만 내렸다. 나는 믿음이 사라진 의사의 처방전과 씁쓸한 마음만 안고 병원을 나섰다.

봄이 되면 눈이 가려운 사람도 있고, 재채기하는 사람도 있다. 기도가 좁아져 숨을 쉬기 힘든 천식 환자도 늘고, 후각 기능 감퇴 현상으로 알레르기 체질인 사람들이 겪는 질환이 있다는 것쯤은 알고 있었지만, 이렇게 심한 두드러기까지 알레르기 증상이라는 말인가. 갈수록 자연환경의 변화로 원인을 알 수 없는 병도 늘어난다고 하더니 슬그머니 걱정스럽기도 했다.

옛말에 '병은 자랑해야 낫는다.'라고 했다. 그래야 먼 데서도 듣고 비방을 알려온다는 뜻으로, 널리 알려야 도움을 받을 기회가 더 많아지는 것이라 하지 않았던가. 답답해 친구들에게 두드러기를 보여주었더니 알고 있는 상식들을 다양하게 열거하기 시작했다. "신경을 쓰거나 스트레스를 많이 받으면 올라온다, 먹고 있는 약이 많으면 약물 중독 현상일 수 있다, 영양실조다, 과로하거나 몸이 허해져서 오는 반응이다, 새우나 꽃게를 먹으면 올 수 있다, 환경오염으로 몸도 오염이 된 것이다, 먼지 진드기다, 이럴 땐 술을 실컷 마시고 푹 자고 일어나면 낫는다."라는 농담까지 표정들만큼이나 보이는 반응들도 제각각이다.

뚜렷한 대안이 없는가 보다. 무엇이 좋다거나, 무엇을 먹거나 어떻게 해보라는 시원한 대답은 들을 수가 없으니 그 말들을 유추해 본다. '과로를 피하고, 청결히 하며, 약을 조심하고, 잘 먹어야 하고, 신경을 쓰지 말고 공기가 좋은 곳에서 살면 된다.'라는 결론이지 않은가.

세상없는 한량閑良으로 살라는 셈이다. 한량閑良은 일정한 직업 없이 놀고먹는 양반 계층이라는 의미에 비추어보면 나는 분명 좋은 팔자를 타고난 것임이 틀림없지 않은가. 그렇다면 관리를 잘못한 내 탓이다.

  인간의 욕망은 조절하고 제어하지 않으면 자신은 물론 사회를 망가뜨리는 이기심이 될 수도 있지만, 적극적인 동인動因으로 삼게 되면 세상을 살아가는 에너지가 된다. 애면글면하지 않고 일단 걷기를 시작했다. 시작하지 않으면 아무것도 변할 수가 없다 하지 않던가. 건강이 소중하다고 여기면서도 운동을 게을리한 나에게 스스로 커다란 깨달음의 기회로 삼기로 했다. 보이지 않게 피어나 건강을 함부로 여긴 데 대한 따끔한 가르침을 준 내 몸에 핀 꽃이 곱게 지기를 기다려 볼 일이다.

제 3 부

노부부와 자장면

거리 두기・역할극・그게 뭣이라꼬・변해가는 시장 인심・발 인사 나누는 사이・노부부와 자장면・어느 노모의 바람・연민・미니 액자・힐링 여행

거리 두기

　대파 농사를 통해서 거리 두기를 터득했다. 선배 언니가 자기네 텃밭에다 잘 배합된 거름까지 내놓고, 쉽게 키울 수 있는 게 파라며 대파 심기를 권했다. 대파를 뭉근하게 끓일 때 우러나오는 국물처럼 후덕한 언니 부부 덕에 직접 기른 청정 야채를 맛보게 되었다.
　오일장이 열리는 날 대파 모종 두 단을 샀다. 실오라기 같은 가느다란 모종을 보는 순간 엄지손가락보다 더 굵은 대파 줄기가 눈앞에 아른거리면서 마음이 부풀었다. 새로운 도전은 삶에 활력소가 된다. 대파를 길러본 적 없어 무모한 도전 같지만 두 사람의 응원으로 용기가 생겼다. 비닐봉지에 모종과 함께 꿈을 담아 텃밭으로 향했다.

언니 부부도 텃밭 농사를 권하기는 했으나 내가 영 못 미더웠던지 괭이와 호미를 챙겨 와 자기 일처럼 고랑을 일구어 주었다. 잘 타진 밭고랑에 잔잔한 모종을 한 줄로 쭉 늘어놓고 뿌리 부분을 고정하여 정성스레 세웠다. 그러나 꼿꼿하게 일어서기에는 파가 너무 어렸다. 초보 농사꾼 티를 내며 애를 태우고 있으니 언니는 파의 생육에 관해 설명해 주었다.

파를 심을 때는 모종과 모종이 서로 닿지 않게 알맞은 거리를 둬야 잘 자란다. 모종은 한 뿌리씩 적당한 거리를 두고 놓은 뒤 흙으로 덮어야 한다. 파는 땅 냄새를 맡고 뿌리를 내린 후 스스로 허리를 꼿꼿하게 펴 살아간다. 그때 튼튼하게 뿌리를 잘 내린 파에게 보상하듯 고랑에 있는 흙으로 북을 돋워주면 파의 흰 부분이 더 길어지며 싱싱한 대파로 자란다.

정성 들여 심은 파들이 마치 밭고랑에 턱을 괴고 앉은 듯하다. 힘이 없을 땐 서로 의지해야 힘이 난다.

파 모종을 심으며 '알맞은 거리 두기'에 대한 생각이 깊어졌다. 거리 두기가 필요한 것이 비단 대파뿐이겠는가. 식물은 식물대로 동물은 동물들 나름대로 아름다운 관계 유지를 위한 거리가 필요하다. 사람과 사람 사이에도 적당한 거리를 두는 것은 관계 맺음에 윤활유처럼 중요한 요소다.

얼마 전, 가까이 지내는 후배의 전화를 받았다. 친한 친구와의 관계에 균열이 생기면서 마음이 무척 힘들었던 모양이다. 속내를 들

인간관계에서 적당한 거리 두기란 생각보다 어렵다.
가족보다 더 가깝다고 느끼는 관계에서의 어려움이란….
너무 멀리 있으면 소원해지고
무작정 가까이 다가가면 상처를 주고받기 쉽다.

어보니 자녀 진학 문제에 대해 대화하던 중 가깝다는 이유로 조심하지 않은 데서 기인한 속상함이었다. 지나치게 자기 삶을 침범하는 친구의 언행에서 상처를 받은 것 같았다.

서로를 아끼고 생각하는 마음의 거리를 자로 재어 적당히만 다가갈 수 있다면 얼마나 좋을까. 그러나 심리적으로 느끼는 일이고, 상대방의 영역을 침범한다는 자각조차 못 할 때 괴리가 커진다. 허물없이 지내던 친구 사이가 거리 조절을 하지 못해 틈이 생긴 것 같아 안타까웠다.

인간관계에서 적당한 거리 두기란 생각보다 어렵다. 가족보다 더 가깝다고 느끼는 관계에서의 어려움이란…. 너무 멀리 있으면 소원해지고 무작정 가까이 다가가면 상처를 주고받기 쉽다. 아무리 가까운 사이일지라도 지키고 싶은 영역은 있기 마련이다. 그 영역을 침범당하게 되면 마음에 상처가 된다.

예부터 인간관계의 덕목은 윤리라는 이름으로 엄격하게 요구되었는데 그것이 '오륜'이다. 봉건 시대 낡은 관념이라 치부해 버릴 수도 있겠지만, 개인주의와 이기주의가 팽배한 오늘날에 더 살피고 행해야 할 가치가 아닐까 싶다. 사람과 사람 사이의 올바른 관계를 위해서 현대적 해석으로 보아도 충분한 가치가 있다고 생각한다.

나 역시 아내라는 이름으로 엄마라는 이름으로 그들의 영역에 툭 밀치고 들어간 불청객이었던 적은 없는지, 형제와 친구들에게 아끼고 사랑한다는 이유로 지나치게 간섭하고 충고하지는 않았는지…. 작은 일일지라도 옳다는 아집에 사로잡혀 제대로 이끌어준다는 독선으로 힘들게 했을 것 같은 부끄러운 지난날들이 물보라처럼 일어난다. 관계의 알맞은 거리 두기를 행하며 살았더라면 서로의 상황을 더 이해하고 실천했으리라.

오랜 세월 변함없이 정다운 관계로 살아가는 사람의 능력은 아름답다. 적당한 거리를 유지하는 일은 결코 쉬운 일이 아니기 때문이다. 거리를 두고 사는 것이 상대를 덜 사랑한다는 의미는 단연코 아니듯, 늘 가까이 있다고 깊은 관계가 되는 것도 아니다. 소중한 사람일수록 눈앞에 있을 때 부러 멀리 두고 볼 줄 알아야 한다. 멀리 있을 때 애써 눈앞에서 보듯 보아야 한다. 그것이 관계의 거리 두기가 아닐까. 적당한 거리를 두고 관계를 돈독히 할 때 마음의 허전한 여백과 애틋한 인연은 오래도록 이어질 것이다.

대파가 한 뿌리씩 하늘 향해 쭉쭉 뻗어가는 상상을 한다. 뿌리내리지 못한 인연도 적당한 거리를 두고 마음을 북돋우면 잘 자란 대파처럼 견고한 인연이 될 것이다. 파를 심으며 아름다운 관계의 거리 두기를 깨달았으니 올해 대파 농사는 풍년인 것 같다.

역할극

옆 교실에서 아이 우는 소리가 들렸다. 방과후 수업이 시작되었는데 한참 지나도 울음소리가 그치지 않아 하던 일을 멈추고 창문으로 들여다봤다. 나와 눈이 마주친 담당 선생은 기다렸다는 듯 눈짓을 했다.

아이 둘이서 다퉜는데 달래도 안 되고, 수업에 방해가 되어 낭패스럽기만 하던 중이라고 했다. 우는 아이에게 손가락 하나를 입으로 갖다 대며 살며시 손을 잡았다. 눈치 빠른 아이는 옷깃으로 눈물을 닦으며 내가 이끄는 대로 조용히 교실을 나왔다. 상담실로 온 아이는 다시 큰 소리로 울었다. 속상하고 억울하다는 표현이다. 문제를 해결하고 싶은데, 자신의 힘으로는 안 되니 도움을 달라는 뜻이기도 하다. 눈물을 닦아주며 초콜릿 하나를 손에 쥐어 주었다.

아이는 찔끔 눈물을 짜더니 초콜릿을 만지작거리며 말했다. 그림을 그리고 있는데 친구가 와서는 자기 자리라며 팔을 잡아당기고 때렸다며 울먹였다. 웃음이 나왔다. 울고 있는 자신을 두고 선생이 웃으니 아이가 의아해서 눈을 동그랗게 떴다. 피부가 하얗고 오동통하니 아직 젖살이 남아 있는 귀엽게 생긴 남자아이. 청바지에 티셔츠를 입었는데도 아기 티가 흐르는 1학년생. 눈은 떴는지 감았는지도 모르게 작은 눈을 가지고 서러워서 우는 그 모습마저 귀여웠다. 때린 친구와 대면을 시켰다. 그 아이의 얼굴과 옷에 묻은 물감의 흔적으로 개구쟁이임을 알 수 있었다. 때린 친구의 변명은, 앉고 싶은 자리에 친구가 앉아 있어 팔을 당기기만 했는데 큰 소리로 울더라는 것이다.

무심코 던진 돌멩이에 맞아 죽는 개구리가 있다는 사실을 아직 모를 나이긴 했다. 작은 일이라지만 생각의 차이는 이렇게 다른 것이다. '애들은 싸우면서 크는 거다.' 하고 대수롭잖게 넘길 수도 있으나 풀어주지 않으면 마음에 상처로 남을 수도 있다.

자존감에 입는 상처는 아이나 어른이나 마찬가지인 것 같다. 작은 일이지만 누군가가 나를 함부로 대한다는 것은 슬프고 가슴 아픈 일이다. 아이들에게 '역할극' 놀이를 시켰다. 그들은 상대방 입장이 되어 한참 실랑이를 하더니 때린 아이가 먼저 "내가 잘못한 것 같애. 미안."이라며 손을 내밀었다. 울던 아이도 멋쩍게 웃으며 새끼손가락 걸어 화해했다. 언제 그랬냐는 듯 장난치며 돌아가는 그들을 보고 있자니 지난주 내게 일어난 일이 떠올라 귓불이 빨개졌다.

　며칠째 몸에 미열이 있었다. 이러다 말겠지 했는데 결국 몸살이 났다. 저녁이 되자 온몸이 쑤시고 아파 끙끙 앓는 소리가 절로 나왔다. 남편이 퇴근하면 함께 병원에 가려고 기다렸건만 그날따라 늦었다. 밤늦게 돌아온 그는 이불을 뒤집어쓰고 앓고 있는 걸 보더니 무슨 일이 있냐고 물었다. 며칠째 아팠는데 그것도 모르냐며 막무가내로 몰아세웠다. 기분 좋게 한잔하고 들어온 남편은 "말을 해야 알지."라며 도리어 서운해했다. 왈칵 눈물이 쏟아졌다. 꼭 말을 해야만 알고 말을 하지 않으면 모른단 말인가.

　돌덩어리처럼 딱딱해진 마음에 냉기류가 흐르기 시작했다. 식사 때도 침묵이 흘렀고, 출근길에 나누던 인사도 하지 않았다. 묻는 말에도 "예" "아니오"로만 대답했다. 잘 때는 발이 닿을까 이불로 담을 쌓았다. 살아온 시간이 허무한 바람을 안고 밀물처럼 몰려왔다. 무엇이든지 남편을 최우선에 두고 살았다. 그런데 내가 아프다는 사실도 말을 해야만 챙김을 받을 수 있는 그런 존재였다니. 만사가 귀찮았다.

　휴일이지만 꼼짝도 못 하고 몸과 마음은 나락으로 떨어졌다. 쟁쟁거리는 휴대 전화기 소리도 귀찮은데 미운털이 박힌 남편이 전화를 했다. 뚱하게 받으니 눈치가 없어 미안했다며 식사 예약을 했으니 가끔 들르던 카페로 나오라는 게 아닌가. 갈림길에 선 마음으로 망설이다 못 이기는 척 주섬주섬 옷을 챙겨 입고 약속 장소로 갔다.

한적한 카페에 잔잔하고 감미로운 음악이 흘렀다. 내가 좋아하는 에디트 피아프의 〈사랑의 찬가〉였다.

> 하늘이 무너져 내리고 땅이 꺼져버린다고 해도
> 당신만 날 사랑한다면 내겐 두려움 없네.
> 사랑이 아침을 채우고 그 사랑 내 몸을 감싸면
> 아무것도 두렵지 않아 당신이 날 사랑하니까
> …
> …
> 당신을 사랑해요.

매력적이고 감미로운 테너 가수 임태경의 목소리가 막힌 혈을 뚫어주듯 빈 마음의 공간을 채웠다. 음악까지 나를 위해 특별 예약을 했다는 그이도 있고, 아늑하고 달콤한 분위기에 와인까지 곁들이니 서운해서 꽁꽁 얼었던 마음이 봄눈 녹듯 녹아내렸다. 내가 옹졸했다는 부끄러운 생각까지 들었다. 그의 처지에서 보면 나도 남편을 다 헤아려줬다고 말할 수 있을까. 아프다는 말만 했으면 아무 문제도 아닌 것을 몇 날 며칠 스스로 생채기를 냈으니 말이다.

아이들은 아름답다. 아직 때묻지 않았기 때문이기도 하겠지만,

어른들의 세계가 너무나 어두워서 더욱 아름답게 보이는 걸까. '역할극'을 하는 아이들의 해맑은 눈빛을 보면서 나 자신을 다시 돌아보게 되었다. 앞으로 섭섭한 일이 있을 때는 역할극을 해보리라. 아직 철이 덜 든 나에게는 '역할극'이 제격일 것 같다.

그게 뭣이라꼬

 신학기가 되면 바쁘다. 지난 것들은 정리하고 새로운 계획을 세워야 한다. 거기다 시스템까지 바뀌었다니 일이 만만치 않다. 작년과 어떻게 달라졌는지 살피다 필요한 문서를 저장하려 가방을 열었다. 그런데 USB가 보이질 않았다.
 가방 안쪽 작은 주머니에 넣은 생각이 났다. 빨간색 누비 동전 지갑이라 금방 눈에 띄곤 했는데 없다. 혹시 소지품 사이에 끼였나 싶어 가방 안에 든 잡동사니를 다 쏟아내도 헛일이다. 입고 있는 옷이며 코트 주머니까지 뒤져도 소용없다.
 한 개도 아니고 세 개가 한꺼번에 달려 있는데. 개인정보와 문서 담은 것, 내가 쓴 글들, 부모 교육자료 등 죄다 거기에 있다. 늘 한 몸처럼 붙어 다녔는데…. 모든 일이 정지되어 버렸다.

사태의 심각성은 벼락 치듯 내 맹한 정신을 때렸다. 아득해졌다. 나의 불찰이다. 분실을 염려해 내려받아 두어야겠다고 생각만 하고 실행치 못한 나태함이 주범이다. 결국, 미루다 사달이 나고서야 동동거리는 꼴이 되었다. 이런 내가 싫기까지 했다.

종잡을 수 없는 마음은 막막한 두려움으로 변했다. 반쯤 넋을 잃고 이곳저곳을 뒤지고 있을 때였다. 내 표정과 행동이 평소와는 달라 보였던 모양이다. "선생님, 이상해요."라는 서운함이 섞인 목소리를 듣고서야 아홉 살짜리 2학년 남학생이 보였다. 수시로 상담실을 오가던 아이가 반갑게 인사를 했는데도 못 들었다. 나는 그에게 심드렁한 표정을 지으며 USB가 없어져서 큰일이라고 했다. 그러자 아이는 "그게 뭐라고." 한마디를 천연덕스럽게 내뱉는 것이 아닌가. 어이가 없어 웃음이 났다. "그럼 넌 뭐가 중요한데?"라고 물었더니 "줄넘기 2단 뛰기를 잘하는 거요." 순간, 가슴이 먹먹해져 왔다.

아이의 한마디는 일어난 상황을 다른 시각으로 보게 하는 깨우침을 주었다. 내겐 그 아이의 말이 그렇게 다가왔다. 가득했던 조바심을 정리할 수 있는 여유를 주었다. 바둥거림은 순전히 나의 집착일 뿐이었다. 그래 보았자 도움될 게 없다는 경쾌한 결론까지 내려졌다. 지금껏 USB를 애지중지한 만큼 그것은 내 사고의 족쇄가 되었던 것이다. 우울해하지 않기로 했다. 살다 보면 잃는 게 어디 USB뿐이겠는가. 소중하다고 생각했던 일에 집착하다 정말 소중한

어느 것도 소중하지 않은 일은 없다.
줄넘기 2단 뛰기도, USB도, 친구도, 승진도, 건강도….
그러나 진정 소중한 것은 이미 지난 일을 안타까워하거나
동동거리며 또 시간을 보내는 것이 아니라,
다시 시작하는 용기다.

것을 잃지 않도록 정신을 차려야겠구나 싶었다.

　후배가 자신의 경험을 이야기하며 눈물짓던 일이 떠오른다. 승진을 위해 아이가 유치원 다닐 때부터 가사는 아내의 몫이라 생각했다. 자신은 동료들과의 경쟁에서 이기기 위해 프로젝트 연구로 시간 보내는 일을 대단하게 여겼다. 그런 삶에 만족하며 앞만 보고 나갔다. 아이들과 함께하는 시간은 경쟁에서 뒤처지는 일이며, 가족들과의 여행은 사치일 뿐이었다. 그런 일들은 나중에라도 얼마든지 할 수 있는 사사로운 일이지만, 승진이 늦으면 무능한 사람이 되는 것이라 여겼다. 승진만 하면 남편이나 가장으로서의 위상뿐 아니라 사회적으로도 탄탄대로를 걸어가리라 생각했다. 그렇게 노력한 결과 친구들보다 일찍 승진했다.

　호사다마라 했던가. 기쁨은 잠시였다. 후배는 시름시름 몸이 아프기 시작했고 종합검사 결과 위암이라는 진단을 받았다. 청천벽력 같은 현실 앞에 원초적인 슬픔에 빠져 한동안 무기력증에 시달렸다. 그러다 어느 날 문득 자신을 돌아보게 된 것이다. 그사이 십년 세월은 전광석화처럼 달아나 있었다. 유치원에 다니던 아이들은 고등학생이 되어 있었으며, 아이들은 아이들대로 바빴다. 아내와 자식들과의 관계는 물론 다른 가족과의 관계도 불편하고 대화도 어색했다. 사사롭다 생각하고 미룬 일들을 이제 와 하려니 제대로 되지 않았다. 함께하고 싶은 마음만 간절할 뿐이었다. 그제야 '승진, 그게 뭣이라꼬.' 하는 생각이 들더란다. 진정으로 가치 있는 일을 알지 못하고 놓쳐 버린 후에야 깨닫게 된 것이다. 외적인 성공에 중점을 두고 내적인 풍요로움을 챙기지 못한 어리석음이 괴로움으로 다가온 것이다. 그 후 그의 삶의 방향은 '지금이 우선'이라는 자세로 바뀌었단다.

살다 보면 잘한다고 한 일이 후회스러울 때가 있다. 지나고 보면 자연스러운 흐름을 저항하다 생긴 침전물을 바라보듯 허탈감이 밀려오기도 한다. 아등바등하지 말고 천천히 조금만 더디게 살았더라면 많이 잃지 않았을 지난날이 아쉬워질 때도 있다.

어느 것도 소중하지 않은 일은 없다. 줄넘기 2단 뛰기도, USB도, 친구도, 승진도, 건강도…. 그러나 진정 소중한 것은 이미 지난 일을 안타까워하거나 동동거리며 또 시간을 보내는 것이 아니라, 다시 시작하는 용기다. 아홉 살짜리 꼬마의 철학자다운 말이 나를 깨우쳤듯 지금이 또 새로운 기회가 되고 있는지도 모른다.

"그게 뭣이라고."

변해가는 시장 인심

퇴근하는 길에 시장으로 갔다. 모처럼 무밥을 먹고 싶어서였다. 무에 콩나물을 얹으면 금상첨화. 입구에서 허리 굽은 할머니가 콩나물을 팔고 있었다.

"할머니, 콩나물 천 원어치 주세요."

"요새 천 원어치가 어딨노?"

봉지에 다른 사람의 콩나물을 담던 할머니가 퉁명스럽게 말했다. 순간 얼굴이 훅 달아올랐다. 젊은것이 콩나물 값이나 깎아대는 속좁은 사람으로 보는 것 같기도 하고, 천 원 가지고 달달 떠는 인색한 사람으로 비친 듯해서다.

먼저 온 아주머니가 콩나물 봉지를 받아들고 "나도 한 움큼만 있으면 되는데, 천 원어치는 안 판다 카네요."라고 말하는 걸 보면 그녀도 나처럼 핀잔을 받은 모양이다. "그럼 이천 원어치 주세요." 나는 죄라도 지은 사람처럼 기어 들어가는 소리로 말했다. 거칠게 콩나물만 건네주는 할머니의 인상이 어기차게 느껴지며 며칠 전 있었던 일과 오버랩되었다.

할머니 한 분이 길에 앉아 치과로 가는 나를 불러 세웠다. 씨앗 땅콩 한 되를 팔러 나왔다며 사라고 통사정을 했다. 얼마나 어려우면 씨앗으로 두었던 땅콩을 가지고 나왔나 싶어 할머니가 달라는 대로 값을 주고 샀다.

"새댁, 고마워요!"

몇 번이나 고맙다는 말을 들으며 치과에 갔다가 집으로 돌아가는 길에 다시 할머니를 만났다. 그 할머니는 딱 한 되뿐이라던 땅콩을 길바닥에 놓고 똑같은 말을 되풀이하고 있는 게 아닌가. 싸늘한 한 줄기 바람이 등줄기를 스쳐 갔다.

언제부터 할머니들이 이토록 영악해졌을까. 죽살이 판을 헤치고 나왔던 할미도 양심과 인심은 있지 않았던가. 어머니처럼 신토불이 음식을 만드는 방법과 조리법도 인정스럽게 일러주며 때론 덤으로 다른 것을 올려 주기도 했다. 그들이 베푸는 푸근함에 당장 필요치 않아도 떨이를 해주는 단골도 더러 있었다. 세상살이가 얼마나 어려우면 저러나 싶기도 하지만 그런 모습은 다 쓸쓸하다.

요즘 시장 할머니들 인심이 예전 같지 않다는 말을 자주 듣는다. 그런 얘기를 들으면 서글프다. 살아온 그분들의 심성이 강퍅剛愎해지는 것은 그분들의 잘못이 아닌 것은 분명하다. 무엇이 이렇게 만들었을까. 그렇다고 누군가의 탓으로 돌리기도 마뜩잖다. 누리고 살아도 될, 이제는 당연히 그래야만 될 하얀 세월을 머리에 이고서도 마음마저 녹록지 않은 그들에게서 문득 현실의 책임까지 느껴진다.

〈눈물의 사과〉라는 글이 있다. 프랑스의 소년사관학교 앞 과일가게에는 사과를 사 먹는 학생들로 붐볐다. 그런데 돈이 없어 혼자 멀찌감치 떨어진 곳에 서서 바라만 보던 학생에게 그 가게 주인은 아이들이 없을 때 사과를 챙겨주곤 했다. 어느 날 프랑스군 장교 한 사람이 할머니에게 와서 사과를 사서 먹으며 말했다.

"할머니! 사과 맛이 참 좋습니다."

"벌써 30년이 지난 이야기지만 나폴레옹 황제께서도 소년사관학교 시절에 우리 가게에서 가끔 사과를 사서 그렇게 맛있게 먹었지."

"할머니, 그분은 가난해서 할머니께서 그냥 사과를 주셨다고 하던데요."

이 말을 들은 할머니는 손사래를 치면서 말했다.

"그건 군인 양반이 잘못 안 거요. 그 학생은 돈을 꼭 내고 사 먹었지, 한 번도 그냥 얻어먹은 일은 없었어요."

"지금도 그 소년의 얼굴을 기억하나요?"

그 말에 할머니는 눈을 감고 천천히 고개를 끄덕이며 추억을 더

듣는 듯했고, 사과를 먹던 장교는 할머니의 두 손을 살포시 감싸 쥐며 말했다.

"할머니! 제가 바로 30년 전에 할머니께서 주신 사과를 맛있게 먹었던 그 보나파르트 나폴레옹입니다. 그때 할머니께서 주신 사과를 먹으면서 저는 세상의 따스함을 느꼈고 언젠가는 은혜를 갚겠다고 몇 번이고 다짐했었습니다."

나폴레옹은 자신의 얼굴이 새겨진 금화가 가득 든 상자를 할머니께 드렸고, 두 사람은 서로 손을 잡고 눈물을 흘렸다는 이야기다.

타박타박 걷는 내게 환청이 들리는 듯했다.

'씨앗으로 둔 땅콩….'

'씨앗으로 둔 땅콩….'

그것은 다시금 싹 틔워야 한다는 이 시대의 소명 같은 아우성이었다.

발 인사 나누는 사이

그녀가 차에서 내렸다. 하얀 마스크를 끼고 내게로 걸어온다. 한 손에는 무엇인가를 들고 한쪽 팔을 번쩍 들어 흔든다. 나도 그녀를 향해 빠른 발걸음을 옮기며 두 팔을 좌우로 흔들었다. 우리는 1km 정도 거리에서부터 소녀처럼 들뜬 마음을 나누었다.

내게로 가까이 다가오던 그녀가 "발 인사"라고 외쳤다. 우리는 마주 섰다. 그녀는 나를 향해 오른발을 쑥 내밀었고 나도 엉거주춤 그녀를 향해 오른쪽 발을 내밀었다. 발목 안쪽 부분이 서로 엇갈리게 만나며 '툭' 하는 소리를 냈다. 코로나바이러스로 인해 '사회적 거리'를 유지해야 하면서부터 발 인사를 나누게 되었다. 둔탁한 소리는 아이들이 없는 텅 빈 운동장의 쓸쓸함 같기도 했다.

코로나바이러스가 우리나라에도 덮쳤다. 설마했던 일들이 사회

전역으로 퍼지고 있다. 인적이 드문 거리의 상가는 줄줄이 문을 닫았다. 학교도 학부모 없는 졸업식에 이어 개학을 서너 번 연기하며 입학식도 하지 못했다. 확산을 방지하기 위해 왕래조차 자제하라 했다. 코로나바이러스로 인해 외부인 출입금지라는 빨간 안내문을 크게 붙인 학교 정문에서 우리는 반가움을 발 인사로 표현했다. 그녀는 비닐봉지 하나를 건네며 "수고"라고 짧게 한마디만 남기고 다시 차에 올랐다.

창문을 반쯤 내려 손을 흔들며 달아나듯 멀어지는 친구의 차 후미를 바라보며, 발 인사도 아무나 하고 나누는 것이 아니라는 생각을 했다. 정든 사람끼리 정이 담겨 있을 때 격 없이 하는 인사가 아닐까. 인사를 나눈 발을 햇살에 두고 물끄러미 바라보니 그녀와의 지난 일들이 선명하게 그려진다.

그녀와는 2년 전에 근무하던 학교에서 만났다. 그녀가 과학 전담 기간제 교사로 오게 되면서 알게 되었다. 그녀가 있는 과학실과 내가 있는 상담실은 계단 하나를 사이에 두고 있어 편하게 오갔다. 서로의 나이와 자녀들의 나이도 비슷했고 생각도 닮은 곳이 많아 가까워졌다. 아침에 '안녕하세요'라고 하는 인사에 밤사이 있었던 일들이 줄줄이 엮어진 소시지처럼 이어졌다. 차 한 잔에 서로의 고된 마음을 우려내며 친구로 지내는 사이가 되었다.

그녀는 해박하여 아는 것도 많다. 책을 읽는 분량도 만만치 않거니와 줄거리도 논리적으로 잘 간추린다. 시사적으로도 폭이 넓고

친구는 내게 있어
귀한 종이에 싼 향긋한 향내로 피는 꽃과 같다.
코로나가 종식되어도 그녀와 발 인사 나누는 사이로
변함없이 지내고 싶다.

풍부하여 배울 것이 많은 친구다. 평전 같은 책이 좋다고 읽는 걸 보면 수준도 나와는 차원이 다른데 잘 맞춰주는 아량도 넓다. 글쓰기를 같이하며 노후를 즐기자고 했더니 책 읽는 것은 좋지만 글쓰기는 메모하는 정도로 족하다고 한다. 그렇지만 자꾸 내 마음은 글벗까지 되고 싶다.

친구가 우리 교실에 올 때는 빈손으로 오는 경우가 드물었다. 빵, 여주, 말린 우엉, 칡 등을 야무지게 가져왔다. 그것뿐만이 아니다. 그런 것들을 먹어야 하는 이유까지 분명하게 알려준다. 커피보다 전통차를 좋아하는 나를 위해 귀한 보이차를 먹기 좋게 병에 나누어 담아주기도 하고, 빵을 좋아하지 않는 내게 자기 동네 빵은 특별하다며 빵 맛을 알게도 해줬다.

여행을 좋아하는 그녀는 훌쩍 떠나는 것도 즐긴다. 작년 겨울에는 딸과 호주 여행을 했다. 선샤인 코스트와 모레톤섬 해변으로. 인어공주라도 되고 싶었던 걸까. 수영복 입은 몸매에 석양을 두르고 물들어가는 해변의 정취를 담은 사진을 보여주며 내게도 떠나고 싶은 욕망을 일으켰다. 브리즈번시티 주변의 알짜배기 여행 정보도 멋졌다.

올해는 내가 이동이 있었다. 그 친구를 혼자 남겨 두고 집 가까운 학교로 떠나왔다. 그저께 통화하면서 코로나바이러스가 사라지면 시원하게 맥주 한잔하자고 했는데 그녀에게서 다시 전화가 왔다. 친구가 근무하는 학교는 재택근무를 하는데 우리 학교 근황은 어떠냐고 물었다. 할 일이 있어 출근했다고 하니 30분 후에 도착하겠다고 학교 앞으로 나오라고 했다. 동네 빵집 빵이 구워져 나오기를 기다렸다가 따뜻한 것으로 사서, 우리 학교까지 한 시간 남짓한 거리를 달려와 전해주고 돌아선 것이다.

만남에도 여러 가지가 있다. 괴다가 만 지게미를 싼 것 같은 만남도 있고, 비릿한 생선을 싼 것처럼 냄새나는 만남도 있으며, 세상을 잘 살아 향수 싼 봉지에서 나는 향 같은 만남도 있다. 친구는 내게 있어 귀한 종이에 싼 향긋한 향내로 피는 꽃과 같다. 코로나가 종식되어도 그녀와 발 인사 나누는 사이로 변함없이 지내고 싶다.

노부부와 자장면

한파주의보가 내려 천지가 꽁꽁 얼어붙었던 지난겨울이었다. 타지에서 공부하는 막내딸에게 가려고 반찬과 옷가지를 챙겨 집을 나섰다. 그날따라 황소바람까지 불어 손 마디마디가 시렸다. 장갑을 껴야겠다고 생각하고 가방 안을 보니 한 짝뿐이었다. 할 수 없이 한 손만 끼고 한쪽 손은 호주머니에 넣고 버스를 기다리는 중이었다.

터미널의 나무 의자만큼이나 지긋하게 나이 들어 보이는 노부부가 서 있었다. 할아버지는 허리가 조금 굽기는 했지만, 키도 크고 체구도 큰 편으로 얼굴이 부리부리했다. 할머니는 겨우 할아버지 어깨쯤 오는 작은 키에 동그란 얼굴에 작고 아담한 체구였다. 바람이 차다며 할아버지가 할머니 목에다 목도리를 감아주는 모습이 눈에 들어왔다. 노부부가 왠지 낯설어 보이지가 않아 곰곰이 생각했다. 오래된 내 기억 저편에 어둠으로 채색된 인물이었다.

20대 초반 어느 날이었다. 자장면이 맛있다고 소문난 집을 찾아 친구와 점심을 먹으러 갔다. 오래된 낡은 출입문은 삐걱거리는 소리를 내며 우리를 맞았다. 안으로 들어서니 겨우 10명 정도 앉을 수 있는 작고 소박한 중국집이었다. 식탁도 오래되어 여러 군데 흠집이 있었다. 하지만 반질반질 윤기가 났다. 모든 것이 맛집 특유의 멋으로 보였다. 반쯤 열린 커튼 사이로 깨끗하게 정리된 주방을 보며 맛있는 자장면에 대한 기대로 앉아 있었다.

그 순간이었다. 주방 안이 소란스럽다 싶더니 커튼 사이로 자장면 그릇이 튀어나오듯 식탁 위로 날아와 내동댕이쳐졌다. 그리고는 듣기에도 거북한 욕을 아내에게 퍼부었다. 그것도 모자라는지 덩치 큰 남자가 주방에서 나오더니 낡은 문을 힘껏 발로 차고는 밖으로 휑 나가버렸다.

대학을 갓 졸업하고, 결혼에 대한 풋풋한 호기심을 갖고 있던 꿈이 상처받는 순간이었다. 우리는 놀란 가슴을 진정시키며 그 자리에 몸이 굳은 채로 서로의 손을 잡고 서 있었다. 우리를 보던 안주인은 잠시 머뭇거리더니 미안하다며 손을 잡아 자리에 앉혔다. 그리고는 구석에 얼음처럼 굳어 있는 어린 딸아이 손을 잡고 주방으로 들어서며 한숨을 쉬었다. 조그만 키에 동그랗고 하얀 피부, 선하게 생긴 그녀가 몹시 슬퍼 보였다.

"퍽 퍽!"

밀가루 반죽을 내리치는 소리가 마치 슬픔을 토해내는 그녀의 울음소리 같았다. 얼마 후 김이 모락모락 나는 자장면을 내온 여인의 눈가에는 하얀 밀가루가 묻어 있었다. 밀가루 눈물이었다. 나는 밀가루 음식을 좋아하지 않지만, 그날 이후 그 집에 더 자주 갔다.

세월이 흘러 나도 가정을 꾸렸고 자식을 낳았다. 어쩌다 자장면을 먹으면 그 부부의 모습이 떠올랐는데, 정말 우연히도 터미널에서 만난 것이다. 젊은 연인처럼 빨간 점퍼를 커플로 입고 머리가 희끗희끗한 아내를 챙겨주는 남자의 손길은 익숙해 보였다. 반가움에 인사를 했더니 노부부도 나를 기억해냈다.

"아이고 가게를 재미 삼아 할라카이 딸이 못 하게 해가 그만뒀지. 조그맣던 딸이 시집을 가서 그 손자가 벌써 대학생 아이가. 잠바도 우리 사우가 메이커 사 주가 입고 다니는데 이기 참 따시다."라며 사위 자랑까지 늘어놓았다.

할머니는 여전히 곱다는 내 말에 산전수전 다 겪고 보니 그래도 영감이 최고라며 할아버지 칭찬을 하였다. 한창 싱그럽던 우리가 받았던 그날의 충격을 기억이나 할까마는 옛날의 그 남자는 짐짓 바람이 차다며 헛기침을 해댔다.

자판기에서 커피를 뽑아 두 분께 드렸다. 뜨겁다고 후후 불어가며 서로 챙기는 모습이 정다워 보였다. 딸애 때문에 어쩔 수 없이 산다는 그녀가 위태위태해 보였는데 저렇게 곱게 노년을 보내고 있다니! 가슴이 따뜻해졌다. 장갑을 언제 벗었는지 손에 들고서 부산행 버스에 오르는 노부부를 향해 건강하게 오래 사시라는 마음을 담아 손을 흔들었다.

  버스를 타고 가면서 생각에 잠겼다. 할머니는 그 긴 세월 자장면 발을 뽑으며 마음을 비워내는 연습을 한 것일까. 아니면 자장면처럼 질기고 질긴 인연을 잘 지키는 지혜를 터득한 것일까. 노부부의 다정한 모습을 보며 나도 곱게 늙어가고 싶었다.

  차창에 그녀가 만들어 주던 먹음직스러운 자장면이 그림처럼 떠올랐다.

어느 노모의 바람

합천군에서는 지역 문화예술 프로그램으로 문자 해독이 어려운 어른들에게 한글 문해 교실을 운영하고 있다. 그 결과물로 우리 집 앞 담장이 왁자지껄하다. 할머니들이 까막눈에서 벗어나 말을 글로 쓰고, 글로 쓴 시가 벽에 걸린 것이다. 회색빛 담장에 평생의 소망이 꽃으로 피었다.

삐뚤삐뚤한 글자는 삶의 흔적을 닮았다. 손가락 마디만큼이나 거칠어 보이지만 속내는 포근하고 따뜻하다. 평균 나이는 75세쯤이지만 90세가 넘은 어른도 있다. 전 생애에 걸쳐 배워야 한다는 배움의 목적을 실천한 분들이다. 생애 첫 작품을 세상에 내놓은 것이다.

선남이 할머니는 "인자 새로 내 인생이 시작된다."라고 하고, 쌍순이 할머니는 "이슬로 눈 씻고 문해로 눈 밝았어."라며 웃었다. 필조 할머니는 "나이 팔십 넘어서 글을 배우니 즐겁고 기쁘고 너무 좋아. 하늘과 땅이 전부 내 것 같아."라며 눈물을 찍어냈다. 아흔세 살 정순이 할머니는 "글을 아는 게 너무 좋아. 나는 쓰면서 울었고 딸은 읽으면서 울었어."라고 하셨다. 이제 하고 싶은 말보다 써보고 싶은 글이 태산 같은 분들이다.

할머니들의 이야기는 길손들의 발길을 잡고 눈길을 끈다. 낮에는 햇살과 바람이 머물고 밤에는 별들이 내려와 훈훈하게 읽으며 이야기가 된다. 그분들의 손을 잡아드리듯 손바닥으로 글을 쓰다듬었다. 불현듯 이렇게 좋은 문명의 혜택을 누리지 못하고 한없이 고적하게 살다 가신 내 어머니가 생각났다.

초등학교 일 학년 때였던 것 같다. 낮에 해도 될 숙제를 미루다가 밤이 되어서야 바쁘게 허둥거렸다. 동생을 돌본다고 못 할 때도 있었고, 쇠꼴을 베느라 못 할 때도 있었지만, 친구들과 놀기 좋아 정신을 쏙 빼고는 해가 지고 나서야 마음이 다급해졌다. 그러나 숙제를 하려고 앉으면 잠이 소나기처럼 쏟아졌다. 숙제는 해야 하고 아무리 애를 써도 잠의 무게를 이기지 못해 책 위에 이마를 처박기 일쑤였다. 숙제를 다 못 하고 잠이 들었던 모양이다. 마음이 불안한지 깊은 잠을 이루지 못하고 허둥거리는 꿈을 꾸는 내 귀에 '가갸거겨' 책 읽는 소리가 들렸다. 수업 시간인 줄 알고 번쩍 눈을 떴다. 그런데 어머니께서 내 곁에서 얼른 책을 덮는 게 아닌가. 나이가

글을 모르던 사람이 글을 안다는 건
힘찬 도약의 기운으로 새로운 삶을 여는 길이고,
육신에 활기찬 희망을 채워 넣는 일이다.
차마 말하지 못한 속내를 아름답게 승화시켜 풀어내는
치유의 시간이다.

들어서야 우리 어머니도 글을 배우고 싶어하였음을 알게 되었지만, 도움은 드리지 못했다. 어머니는 시대를 잘못 만나 배우지 못한 걸 숙명으로 받아들이며 숯덩이처럼 까맣게 속만 태우다 두 해 전 아흔의 생을 마감하였다.

지인이 자기 친정어머니께 한글 지도를 부탁했다. 나는 지역에서 하는 한글 교실에 나가길 권했다. 다른 어른들과 함께 배우면 빨리 익히게 되고, 친구도 생겨 좋으니 일거양득일 것 같아서였다. 그 후 잊고 지냈는데 지난 겨울방학에 또 부탁하는 게 아닌가. 난감했지만, 내 어머니께 못 한 효도의 기회로 삼기로 했다. 시간을 돈으로 살 수 있다면 그러고 싶을 만큼 학교 과제 마무리로 바쁠 때였다. 그렇지만 방학을 포함해 두 달 동안 하루도 거르지 않고 하루 한 시간씩 한글 지도를 해 드렸다. 때로는 몸살이 나기도 하고 중요한 약속이 있기도 했지만, 그분의 공부를 최우선에 두었다.

그녀의 노모는 그 연세에도 낮에는 공공근로를 하고 밤에는 내게 한글을 배웠다. 한 번도 피곤하다는 내색조차 하지 않았다. 자그마한 체구 어디에서 그런 힘이 나오나 의아했다. 열정이 악착같고 끈질긴 분이었다. 차츰 정이 들면서 풀어놓은 당신의 삶은 가슴이 아리도록 애달팠다.

하나뿐인 손자가 백혈병에 걸려 치료를 받고 있었다. 손자만 살릴 수 있다면 당신 몸 하나는 으스러져도 좋으니 공공근로를 놓치지 않으려 열정적으로 일한 것이다. 그 돈을 모아 10년 넘게 손자

병원비를 댔다고 했다. 몇 년 전에는 병이 호전되어 희망도 있었는데 지난해 재발하였고 결국 코로나로 인해 얼굴도 못 보고 떠나보냈다는 것이다.

손자가 너무 보고 싶어 사진을 걸어두고 종일 불러 봐도 대답이 없단다. 전화를 걸어도 받지도 않는다며 눈물을 훔쳤다. 지옥과도 같은 고통에 식음을 전폐하고 넋을 놓아버렸다. 그때 친구가 내게 전화를 한 것이다. 어머니께서 평생 원하던 글공부라도 하면 재미를 찾을까 싶어서였다.

그녀의 바람대로 어머니는 한글 공부를 하며 조금씩 생기를 찾았다. 말수도 늘어났다. 못다 한 인생 이야기도 짬짬이 들려주었다. 라면은 '나민', 혀는 '세'라는 사투리를 쓰며 웃음도 늘었다. 늙어서 글자가 머리에 안 들어온다면서도 예습 복습을 악착같이 했다. 팔십 평생에 원하던 글을 배우고 더듬더듬 읽으면서 기력도 조금씩 찾았다. 달력 뒤에다 자식들 이름이며 좋아하는 미스터 트로트 가수 이름들을 적어 혼자 연습한 걸 보이며 자랑도 했다. 글씨도 참하고 예쁜 것이 어머니의 젊은 시절 단아한 모습을 보는 듯했다.

글을 모르던 사람이 글을 안다는 건 힘찬 도약의 기운으로 새로운 삶을 여는 길이고, 육신에 활기찬 희망을 채워 넣는 일이다. 차마 말하지 못한 속내를 아름답게 승화시켜 풀어내는 치유의 시간이다.

지인의 노모도 한글 공부하는 재미에 빠져 지금의 가슴 아픈 사연을 잊길 바란다. 그래서 〈백 세 인생〉 노랫말처럼 120세에도 저세상에는 공부하느라 못 간다고 자신 있게 말할 수 있으면 좋겠다. 그리고 머잖아 우리 집 앞 담장에 또 하나의 멋진 작품이 걸리기를 기대해 본다.

연민

　시어머니께서 3년 만에 우리 집에 오셨다. 현관문을 들어서는 모습이 낯설기만 하다. 다시는 발걸음도 하지 않을 줄 알았다. 큰딸 아이가 뛰어나가 거동이 불편한 할머니를 부축했다. 내 붉어지는 눈시울 위로 야속함과 반가움이 교차하며 지난 일들이 해일처럼 몰려왔다.
　시어머니는 주택에서 수십 년을 살았다. 종갓집 종부로서 할머니 할아버지를 모시고 집안의 대소사에도 맏이의 소임을 다했다. 할아버지 형제가 칠 형제이고 아버지 형제도 칠 형제나 된다. 그러니 종부의 일 또한 얼마나 힘들었을까. 호탕한 성격을 가진 어머니는 늘 집안 어른들의 칭송을 들었다. 경찰공무원으로 근무하던 시아버지께서 1988년 범죄와의 전쟁 당시 과로로 쓰러져 먼 길 떠난 후, 어머니의 안정적인 노후를 위해 의견을 모아 상가 건물을 지어 이사했다.

집을 지을 때도 모든 일은 가까이 사는 남편의 몫이었다. 측량에서부터 기초를 세우는 일, 인부들의 요구에 맞는 자재資材 하나하나까지 결정하는 일은 경험 없던 남편에게 버겁고 힘겨운 일이었다. 외아들처럼 일을 도맡아 하는 게 안쓰럽기도 했으나 부모님 곁에서 살겠다는 약속을 지키려는 땀이 고귀해 보였다.

그렇게 완성된 건물에서 1층 두 칸은 세를 주고 2층은 내가 학원을 운영했으며 3층은 당신이 지냈다. 그런데 언제부터인가 어머니는 집을 팔아 큰아들 집 평수를 넓혀주고 싶다고 했다. 그러나 이 집만큼 어머니께 경제적으로 효도할 수 있는 방편이 없음은 물론이거니와 아버지께서 남겨주신 유산이니 그대로 편히 지냈으면 좋겠다는 생각이 들어 안타까웠다.

결혼 후 우리는 1년을 주말부부로 지냈다. 남편은 부산 형님 댁에서 지내다 주말에 집으로 왔고 나는 시댁에서 시할아버지, 시부모님, 시누이와 함께 살았다. 부산에다 우리의 보금자리를 꾸미기로 했기에 잠시 시댁에 머물며 가풍을 익히는 기간이라 여겼는데…. 모기향 타는 냄새가 매캐하던 어느 초여름 저녁이었던가. 아버님은 속내를 털어놓았다.

나이가 들어가니 자식 하나쯤은 가까이 두고 살고 싶은 게 부모 마음이라고 했다. 그 마음은 너희들도 자식을 키우고 늙으면 알게 될 것이란다. 큰아들은 부산에서 교편을 잡고 있으니 어려울 것 같고, 막내아들은 서울에 살고 있으니 둘째인 남편에게 직장을 합천으로 옮기는 게 어떻겠냐는 말씀이었다. 부모님의 말씀에 반기를 들 만큼 닳지도 약지도 못했던 나는 효자 아들을 불효자로 만들 용기가 없었다. 우리가 죽을 먹으면 죽을 드리고 고기를 먹으면 고기를 함께 먹겠다는 다짐으로 덥석 승낙하고 말았다. 그때 내 나이 스물일곱.

아버님 살아계실 때도 그랬지만 돌아가신 후로도 남편은 늘 어머니가 우선이었다. 아이들 셋도 어머니 손에서 자랐고 어머니라면 끔찍했다. 여장부였던 시어머니에게 서툰 살림을 배우면서 야단을 들어본 기억은 나질 않는다. 우리는 사이좋은 고부간이었다.

서울 사는 시동생 건강이 좋지 않아 어머니께서 십여 년 동안 서울 생활을 한 적이 있다. 그때도 한 달에 한두 번은 꼭 집에 내려오곤 했다. 한양길이 멀어도 집에 다녀가면 한동안 숨을 쉬고 살 수 있다고 했었는데 부동산에서 연락이 왔다. 그전에 내놓았던 기록이 있었던지 경기가 좋지 않으니 살 사람이 있을 때 매매하는 것이 좋다고 했고, 그 얘길 들으신 어머니께서도 별 미련 없이 집을 팔았다. 그렇게 그 집은 어머니 손을 떠났고 어머니에 대한 남편의 바람은 티끌이 바람에 날 듯 사라졌다.

그 후 어머니 마음의 중심은 바람개비처럼 방향을 바꾸었다. 큰아들과 살겠다고 하더니 어느 날은 서울 막내아들과 살겠다고도 했고, 고향을 떠날 수 없다고 하더니 결국에는 부산 형님네로 갔다. 남편은 집을 판 이상 어머니가 결정할 일이라며 어떤 언급도 없이 입을 다물고 말았다. 그리고는 돌아오지 않을 어미를 기다리는 날개 젖은 새처럼 그 우울함을 오래도록 감추지 못했다. 나는 그 모습을 지켜보며 속울음을 삼켜야만 했다. 그 건물을 비워주는 날 어떤 당부도 없이 당신께서는 필요한 짐만 보내라 했다. 남은 일은 고스란히 내 몫이 되었다.

  살아 있는 어머니의 옷가지며 소중하게 다루던 살림살이를 그냥 버린다는 건 내게 너무 큰 아픔이었다. 짐을 몇 차례나 트럭에 실어 버리며, 내 심장은 시커멓게 타들어 갔다. 가까이 있으니 궂은 일은 늘 우리 몫이었다. 어머니 집 도배를 할 때도 당신은 딸 집에 있다가 오셨고, 노화된 배수 공사를 할 때도, 옥상 방수 작업을 하고 빗물이 잡히지 않아 지붕을 씌울 때도 모든 일은 당연히 우리 몫으로 여기지 않았던가. 자식이 큰 잘못을 했다 하더라도 이보다 가혹할 수는 없을 것 같았다. 자식과의 약속도 종부의 삶도 친구도 고향까지도 이토록 허망하게 정리하리라곤 생각해 본 적 없었다. 당신이 선택하였으니 그 인연도 여기까지인가 보다 생각했다. 살림살이를 끌어내 버리면서 내 마음에 빗장도 굳게 걸어 잠갔다.

  집안의 대소사며 어머니 돌봄까지 아주버님과 형님이 한다니 감사하고 고마울 뿐이다. 넓은 집에서 우리가 소홀하고 부족했던 부분까지 채워드리며 화목하기를 바랐다. 그렇게 떠났으니 자식이라 여기지도 찾지도 않을 줄 알았다. 그런데 우리 집에 오신 것이다.

소파에 한참을 기대고 앉아 있던 어머니가 말씀하셨다.

"나도 너거한테 한다고 했지만 너거도 나한테 잘했다." 그 말을 뱉고는 빈 벽을 응시하며 한참을 침묵했다. 당신 삶의 궤적을 파노라마처럼 그려보는 중일까. 어머니 가슴에 섭섭함으로 남은 자식이 아니라니 다행일 뿐이다. 어머니 좋아하는 아들 보러 자주 오시라는 내 말에 어머니 목소리는 떨리고 있었다.

어머니를 이해하지 못했던 많은 물음이 머릿속을 어지럽혔을 땐 다시는 뒤돌아보지 않을 것 같았는데, 마음 너머 간절한 사랑은 또 다른 상처에 지나지 않는다는 것을. 더는 묻지도 말고 애 끓이지도 말고 비워야 할 때도 있다는 것을 깨달았다. 사람이란 스스로 자신을 통제하지 못할 때도 있는 것이 아닐까. 나이가 들수록 인간적으로 나약해지면서 판단마저 흐려져 그랬을 수도 있었겠다는 생각이 들었다. 그동안 쌓였던 서운함이 조금씩 녹아내렸다. 부모 자식이어서 가능한 것이리라.

어머니께서도 우리를 곁에 두고 살면서 합리적이고 타산적으로 손자를 보살피며 키운 게 아니지 않은가. 공자의 제자 중에서 효행으로 이름 높았던 증자도 부모님의 입이나 몸을 위하는 것보다 부모님의 뜻을 받드는 것이 우선이라 하지 않았던가.

나는 어머니의 선택이 아름다운 마무리가 되길 바라는 간절함으로 두 손을 살포시 잡아드렸다.

미니 액자

 우리의 삶 속에는 추억이 녹아 있다. 한 장의 사진 속에 나를 중심으로 이어지는 사람들과의 추억이 기억 조각들로 살아난다.
 근래 들어 아날로그에서 디지털 시대로 진화하면서 사진의 풍속도도 빠르게 변하고 있다. 휴대 전화 카메라의 질이 좋아 장소나 시간에 구애받지 않고 사진을 찍는다. 필름 없이 찍으니 사진이 마음에 들지 않으면 망설임 없이 지울 수도 있다. 셀카로 온갖 포즈를 취하며 모델이 되기도 하고, 얼굴 턱은 갸름하게, 코는 오똑하게, 키를 키우기까지 한다. 작은 눈을 크게 만들고 거슬리는 흉터는 지우기도 하는 요술 같은 일이 가능해졌다. 그러다 보니 사진관은 기념일 사진이나 여권, 운전면허증 사진만 찍는 곳이 되어버렸다. 사진도 앨범 대신 휴대 전화 기기 속에 보관한다.

이 년 전, 한 학부모와 차를 마신 적이 있다. 오래전 내가 운영하던 학원에 다녔던 순영이가 시집을 간다는 소식을 전해주었다. 딸아이 결혼을 앞두고 앨범을 정리하다 보니 내가 몇 해 동안 찍어 준 사진을 통해 딸애의 성장 과정을 볼 수 있었다며 고마운 마음을 전했다. 우리는 서로의 얼굴이 하나도 변하지 않았다는 말도 안 되는 덕담까지 주고받으며 헤어졌다. 사진으로 인해 기분 좋은 만남이 된 것이다.

사진에 얽힌 추억담을 듣고 집으로 가다가 스치는 생각이 하나 있었다. 더 생각할 겨를도 없이 30년 지기가 운영하는 사진관으로 걸음을 옮겼다. 어려울 때 조금이라도 마음을 보태줄 수 있을 것 같아서다. 시대의 흐름에 밀려나기는 했지만, 그 사진관도 한때는 돈벌이가 제법 쏠쏠했다. 요즘은 밥벌이나 겨우 한다는 그들에게 작은 소일거리도 되고, 나 자신도 지인들께 기분 좋은 일을 할 수 있을 것 같은 예감이 들었다.

나는 지금껏 아이들 가르치는 일을 천직으로 여기며 살아왔다. 돈과는 거리가 멀었지만, 애들이 성장하는 것만큼 나도 성숙하지 않았나 싶다. 그러니 나와 인연을 맺은 모두가 어찌 고맙지 않으랴. 신이 나서 사진관으로 들어서며 사진관 언니 부부에게 내 카메라에 담겨 있는 지인들의 사진을 인화해 달라고 했다. 작은 액자를 사서 사진을 넣어 보관했다가 주인공을 만나면 선물했는데, 미니 액자를 받아든 그들은 하나같이 달콤한 초콜릿을 맛본 것 같은 표

나이가 들어가면서
어른들은 아이들처럼 웃을 일이 많지 않아서일까.
웃음이 귀한 시대가 되어버렸다.
환하게 웃으며 즐거워하는 표정을 찾기란
생각만큼 쉽지 않았다.

정이었다.

　액자에 담을 사진을 고르는 데는 내 나름의 철학이 있다. 행사나 모임에 참석했을 때 최대한 자연스럽게 찍힌 사진들이다. 나이가 들어가면서 어른들은 아이들처럼 웃을 일이 많지 않아서일까. 웃음이 귀한 시대가 되어버렸다. 환하게 웃으며 즐거워하는 표정을 찾기란 생각만큼 쉽지 않았다. 즐겁게 웃는 표정들이 보이면 즉시 찍고, 그런 사진들을 인화해 액자에 넣어 두었다 전하면 그들의 표정은 정말 각양각색이다. 내가 이런 때도 있었네, 이리 좋을까, 신이 났구먼. 자신이 웃었다는 사실에 또다시 웃는다. "웃는 얼굴에 침 뱉으랴.", "웃으면 복이 온다."라는 속담도 있지 않은가.

　언젠가 여럿이 함께 사진을 찍은 적이 있다. 내 굵은 팔뚝이 삐죽이 나오고, 중년의 아랫배가 자랑처럼 그대로 카메라에 포착이 되었는데 기가 막혔다. 그것이 본래 내 모습인데도 예쁜 모습을 기대했을까. 부끄러웠다. 그러기에 다른 사람의 사진을 찍을 때 나는 더 신경을 써서 찍는다. 또 사진만 전하면 아무 곳에나 넣어두기 십상이다. 그래서 미니 액자에 넣어 전해준다. 조그마한 선물이니 서로가 부담스럽지 않아 좋았다. 사진관 언니 부부도 함박꽃처럼 웃는다. 우리가 더 자주 만나게 되는 계기도 되고, 이윤을 남기지 않아도 선물이라는 단어가 무척 마음에 든다고 했다.

　나는 순영이 어머니를 만난 후, 지인들의 모습을 액자에 넣어서 꾸준히 선물하고 있다. 많은 이들과 정을 나누고 싶은 욕심에서라도 이 일을 계속하고 싶다. 마음만 먹으면 손쉽게 할 수 있는 첨단 시대다. 좀은 미련하고 시대에 뒤떨어진 일 같지만, 미니 액자 속에서 웃는 자신의 모습을 보며 또 웃는 것만으로도 충분한 가치가 있을 것 같다.

누가 알랴. 훗날, 웃는 모습의 미니 액자 사진을 가장 많이 선물한 사람으로 기네스북에도 오를지!

힐링 여행

뚝순이 언니 연락을 받고 신이 났다. 함양군 휴천면 산 중턱에 있는 언니네 펜션에서 순둥이 언니까지 셋이서 하룻밤을 보내기로 한 것이다. 코로나19 확산으로 생긴 무력증을 떨쳐낼 기회다.

합천에서 함양으로 넘어가는 꼬불꼬불한 길목에도 봄은 찾아와 손짓한다. 벚꽃 떨어진 자리에서 아기 살결처럼 보드라운 잎이 미소를 보내준다. 등이 굽은 할머니는 유모차에 의지하여 산길을 조심스레 가고 있다. 간혹 지나는 차들과 하늘의 구름을 바라보는 할머니에게 코로나는 딴 세상의 일인 듯 보인다.

노란 별처럼 생긴 애기똥풀, 보라 공주 같은 여린 제비꽃, 파릇하게 피어 논두렁 가득 행복을 담은 클로버, 앉은뱅이 해바라기꽃 같은 민들레, 싱겁게 웃자라 후들거리는 냉이꽃들까지 애당초 코로나가 들어설 자리는 없던 평화로운 곳이다.

　나는 길치다. 내비게이션이 알려주는 대로 가도 엉뚱한 곳이 나온다. 지난번에는 뚝순이 언니와 동행했는데 오늘은 혼자서 찾아가는 길이다. 긴장되어야 하는데도 콧노래가 절로 나온다. 길을 잘못 들더라도 돌아오는 길도 봄날일 테니. 무작정 따라가 볼 요량이다. 맘이 들떠서인지 조바심도 나지 않는다. 내일이 휴일이니 출근 걱정할 필요도 없다. 여유로운 길이다. 시야에 들어오는 풍경들 또한 한 폭의 그림이다.

　산장은 지리산 향로봉 줄기를 타고 내린 함양의 산 중턱 400미터쯤에 자리를 잡았다. 문을 열면 앞에는 맑은 계곡이 흐르고 뒤편에는 소나무들이 울창하게 우거져 아늑하다. 이런 지리적인 조건이라면 신성한 기운이 감돈다고 했던가. 더욱 기대된다.

　집은 화려하거나 세련되었다기보다 뚝순이 언니처럼 아담하다. 방 하나에 거실 겸 부엌으로 쓰는 공간에 우직한 벽난로가 오래된 친구처럼 놓여 있다. 편안하고 기분이 좋아지며 자꾸 오고 싶은 곳이다. 주인 또한 후덕하여 냉장고에는 누구라도 와서 음식을 해 먹을 수 있도록 식재료들이 빼곡하다. 장작을 패서 쌓아두고 군불을 지피며 추억도 곱씹을 수 있게 해 놓았다.

　문만 열면 사방이 자연 정원이다. 나는 유달리 큰 아름드리 노송이 맘에 든다. 마치 천 년을 넘게 터를 지켜준 터줏대감처럼 우뚝하다. 두 팔을 뻗어 끌어안아도 모자라는 우람한 소나무는 '노송 할

좋은 장소에서 좋은 사람들과
좋은 시간을 함께하는 것은 힐링이다.
살면서 가끔 이런 시간이 필요하다.

배'라는 이름도 가졌다. 우리가 처음 가던 날 언니가 막걸리를 좋아하는 소나무 할배라고 소개했다. 오늘은 맛있고 시원한 합천 막걸리로 인사하려고 서너 병을 준비했다.

정 많은 뚝순이 언니는 먼저 도착해 벽난로 가득 군불을 지펴 두었다. 방 안을 훈훈하게 하고 고구마까지 구워 놓고 우리를 기다렸다. 마음이 오색 풍선처럼 들뜬다.

손끝이 야무진 순둥이 언니는 남편이 담가둔 매실주를 퍼 왔다. 지난번 만났을 때도 매실주가 요즘 아이들 말로 인기 짱이었다. 기분 좋은 맛으로 이야기의 흥을 북돋워 주지 않았던가. 기대된다. 뚝순이 언니는 쌀가루를 챙겨 왔다. 오늘은 쑥을 캐서 쑥버무리를 해 줄 모양이다. 쌀가루를 묻혀 몰캉하게 쪄서 먹으면 각자 묻어두었던 그간의 이야기가 푸른 쑥처럼 파릇하게 피어날 것이다.

뚝순이 언니라는 애칭은 결혼하고 나서 붙여졌단다. 사업하는 형부가 몸이 편찮으셨던 모양이다. 허약한 남편 대신 젊은 새댁이 이리저리 뛰어다니며 억척같이 일을 한다고 사람들이 붙여준 별호였다. 그때 무리한 탓일까. 언니는 허리에 복대를 하고 일을 한다. 날씨가 싸늘해지면 허리가 더 아프다고 하니 마음이 짠하다.

순둥이 언니는 할머니께서 늘 강아지라고 어르며 키운 탓에 형제들도 강아지라고 불렀다고 한다. 언니를 처음 만나던 날 웃는 모습이 하도 순해 보여 내가 순둥이라는 별명을 붙여주었다. 생각도 긍정적이고 성품 또한 순하고 고와 '순둥이 언니'라는 애칭이 잘 어울린다.

좋은 장소에서 좋은 사람들과 좋은 시간을 함께하는 것은 힐링이다. 살면서 가끔 이런 시간이 필요하다.

한 이벤트 회사는 직장인을 위해 사표를 써보게 하는 행사까지 마련했다지 않는가. 그러고 보면 차이는 있겠지만 현대를 살아가는 우리는 스트레스를 피할 수 없는가 보다.

일을 처리할 때 스트레스를 받으면 쉬는 시간도 재미가 없어진다. 혼자서 조용히 삶을 돌아보고 계획하는 시간을 갖는다는 것은 언감생심이다. 일을 잘하기 위해 계획을 세우고 많은 신경을 쓰지만 정작 잘 쉬어야 하는 일에는 현실이 만만치 않다. 쉬는 것도 계획과 연습이 필요한 것이다.

남편과 아이들을 두고 잠시 떠날 수 있다는 건 특별 보너스다. 호젓한 밤, 별을 헤아리며 달도 보고 부엉이 울음소리를 듣노라면 밤은 짧기만 하다. 먹거리 만드는 방법을 나누는 것도 즐거움이고 음식을 해 먹는 것 또한 빼놓을 수 없는 기쁨이다. 여자의 수다는 보약 먹는 것 이상으로 보상이 되는 금쪽같은 시간이다.

여가의 건강한 즐거움은 가족은 물론 이웃에게도 에너지를 불어넣어 줄 힘을 얻는다. 오늘은 코로나를 이기고 건강하게 잘 살기 위한 힐링의 날이다.

제 4 부

비 오는 날의 단상

노을처럼 • 비 오는 날의 단상 • 늪의 노래를 듣다 • 해저터널 • 말리 부인을 만나다 • 연륜에서 배우다 • 멸치론 • 한국의 히로시마 • 변곡점 • 그 남자가 사는 법

노을처럼

매듭달 해 질 무렵 길을 나선다. 바람이 차다고 핑계를 대는 남편을 탓하지만 실은 내가 미적거리다 나선 걸음이다. 웅크린 어깨를 펴고 호주머니 속 손을 꺼내 힘껏 저으며 황우산 언덕길을 오른다.

신작로가 있지만 대야성 문이 조성된 옆길을 택한다. 운동하기에 적당하게 가파르지도 않고 비스듬한 비탈이 수월하게 이어진다. 이 코스로 올라가면 동네가 훤히 내려다보여 시원하니 좋다. 길을 가운데 두고 아래로는 새로 조성된 충혼탑이 보이고, 위로는 옛날 충혼탑이 있던 자리다. 경찰관으로 순직한 시아버님 혼백이 충혼각에 있어 자상하던 아버님과의 추억이 떠오르는 길이다.

산모롱이를 돌아 대숲 우거진 길로 들어선다. 곧은 대나무에 붙은 마른 잎들이 바람에 스륵스륵 소리를 낸다. 살과 피는 모두 자식에게 내어주고 남은 뼈마디가 부딪칠 때마다 고통스러워하는 노모의 신음처럼 들린다. 겨울바람 때문인가. 눈가에 물기가 서리고 볼이 시리다. 옷깃을 세우고 손빗을 만들어 머리카락을 빗어 내린다. 슬쩍 뒤돌아보니 그이가 조심스레 뒤를 따르고 있다. 그늘진 비탈길에 소복하게 쌓인 낙엽들이 발에 밟힌다. 낙엽은 바스락거리는 소리조차 내지 못하고 습기를 머금은 채 미끈거림으로 존재를 확인시킬 뿐이다.

고개 하나를 넘어서다 문득 속도를 늦춘다. 경추를 다친 후유증으로 걸음이 불편한 남편의 보폭에 맞추기 위해서다. 그는 자칫 침대 신세를 질 뻔했지만, 요행히도 산책할 수 있게까지 되었으니 얼마나 다행인가. 내친김에 끝까지 올라가 보자고 부추긴다. 남편의 얼굴에 살짝 싫은 내색이 스친다. 안간힘으로 기운을 모아 발을 내딛는 남편이 안쓰럽다. 살아온 날만큼 다시 살아야 한다면 선뜻 뒤돌아 산을 내려서고 싶지만, 앞만 보고 뚜벅뚜벅 걸으며 견뎌야 한다. 포기할 수 없는 일이다.

한 사람이 걸을 만한 좁은 오솔길이 산굽이를 도는 내내 반지르르하게 이어진다. 비탈에 길을 만들며 오간 사람들에게 고개를 주억거리며 그들의 무사안일과 건강도 빈다. 한결 발걸음이 가볍다. 산등성이 가까운 자드락길에는 나무뿌리가 얽혀서 발길에 차이니 조심해야 한다. 돌멩이가 부서져 미끄러운 곳도 있다. 걷기 힘겨운 남편이 신경 쓰인다. 조금 가파른 길이 건강 회복에 도움이 된다고

나뭇가지 사이로 비치는 저녁노을이
엷은 수채화처럼 펼쳐지고 있다.
힘겨운 시간 함께해 준 고마운 인연처럼 노을이 곱다.
우리의 남은 인생도
저 노을처럼 곱게 익었으면 하는 바람이다.

했던 내 말을 가슴에 새긴 걸까. 그도 묵묵히 걷고 있다.

이윽고 산꼭대기에 다다랐다. 나뭇가지 사이로 비치는 저녁노을이 엷은 수채화처럼 펼쳐지고 있다. 힘겨운 시간 함께해 준 고마운 인연처럼 노을이 곱다. 우리의 남은 인생도 저 노을처럼 곱게 익었으면 하는 바람이다.

느긋한 마음으로 둥글게 난 산책로를 걷는다. 숲속에서 자유롭게 운동하는 새들의 지저귐이 다정하다. 새들도 해가 지니 가족이 있는 둥지를 찾아가는 중인가 보다. 안전하게 둥지로 돌아가고자 서로 소리로 존재를 확인하는 모습이 정겹다. 서로를 위하며 살아가는 너그러운 새소리가 포근하게 들린다. 진심으로 위로가 된다.

남편이 나무 의자에 앉아 쉴 동안 나는 주변을 한 바퀴 돈다. 다람쥐나 청설모 같은 작고 귀여운 동물들이 놀랄까 조심스레 걷다가 후밋길을 돌아들자 적막감이 밀려온다. 모든 것이 정지되어 버린 것 같은 고요가 광활한 사막을 혼자서 걷듯 아득하다. 세상 혼자 남았을 때의 두려움이란 게 이런 건가 싶다. 길을 돌아서 가면 나를 기다려주는 남편이 있다는 사실이 이토록 든든하고 고마울 수가 없다.

산을 내려선다. 오를 때의 반대 방향이다. 신라 천년의 역사가 흐르는 연호사가 자리를 잡은 오솔길이다. 돌투성이 된비알을 내려서기 위해 한껏 몸을 낮춘다. 쪼그리고 앉아 돌멩이에 발을 납작 붙이기도 하고 작은 나뭇가지들을 휘어잡으며 게걸음을 옮긴다.

마지막 돌계단 앞에서 한숨을 내쉰다. 살아가는 일도 이런 것일까. 왔던 길인데 돌아서 가는 길이 쉽지 않다. 험한 고비마다 숨을 가다듬어야 한다. 아무리 힘들어도 끝은 있는 법이라는 말을 믿는다.

  바람 소리만 들릴 뿐 고요하다. 함벽루 앞으로 황강은 유유히 흐르고 연호사 법당 안 부처님의 미소는 자비롭기만 하다. 서쪽 하늘 넓게 풍경화를 그리며 놀았을 붉은 노을도 흔적 없이 내려앉았다. 어느새 불 밝힌 가로등 아래 손 맞잡은 그림자가 나란히 걷고 있다.

  함께한 시간이 행복하다. 늘 오늘만 같았으면 좋겠다. 힘겨웠지만, 마음이 가벼워진 산책이 들끓는 애간장을 제대로 녹였을까.

비 오는 날의 단상

　초등학교 2학년 때였을 것이다. 형제가 오 남매나 되니 비가 오면 우산을 같이 쓰고 다니는 게 불문율이었다. 나는 오빠를 따라 학교에 다녔다. 그날따라 바쁜 일이 있었던지 내가 늦장을 부려서인지 오빠는 먼저 가고 없었다.
　우산이 없어 발만 동동거리고 있을 때였다. 어머니가 내 손을 잡고 부엌으로 갔다. 거기에는 '요소 비료'라는 큰 글자가 적힌 깨끗한 비료 포대 하나가 있었다. 어머니는 가위를 들더니 직사각형 포대 한쪽 옆을 쭉 밀어서 텄다. 그러고는 내 바짓가랑이를 종아리까지 동동 걷어올렸다. 그런 다음 비닐 포대를 내 머리 위에다 덮어 씌우는 게 아닌가. 순간 나는 두 팔을 뒤로 젖히며 그것을 밀쳐냈다. 창피하게 그걸 쓰고 어찌 학교에 가냐며 소리 내 울었다. 이런 상황을 예상했던 어머니는 다음 장날에는 꼭 새 우산을 사 주겠다며 달랬다.

가끔 친구들이 쓰고 다니는 것을 보긴 했지만, 내가 이런 꼴이 될 거라곤 상상도 못 했다. 어머니가 하는 말은 귀에 들어오지도 않았다. 한참 울다가 어린 마음에도 다른 방도가 없을 것 같았다. 새 우산을 사 준다는 약속을 받고는 비닐 포대를 쓰고 길을 나섰다. 비를 맞고 초라한 몰골로 교실에 들어서는 것보다는 나을 것 같았다.

말끔한 우산을 원했으니 그날 비료 포대는 이미 미운털이 박혀버렸다. 거리로 나오니 부끄러운 마음이 커졌다. 맑은 날이었으면 엿장수한테 줘 버리고 엿으로 바꿔 먹었을 것이다. 우산 대용으로 쓸 수 있는 아이디어를 낸 어른들이 밉기까지 했다. 행여 누가 내 행색을 볼까 봐 앞만 보고 걸었다.

그때 옆에서 누가 아는 체했다. 나는 그 모습에 깜짝 놀랐다. 밭고랑에 씌우는 흰 비닐을 길게 몸에다 칭칭 감아 미라 같았다. 머리에는 사각으로 자른 작은 비닐을 두 손으로 잡아 쓰고 아무렇지 않게 걸었다. 용감해 보였다. 자세히 보니 반에서 착하기로 소문난 분연이었다. 선생님께서는 농사짓는 부모님을 도우면서도 먼 길을 걸어 학교에 다니는 착한 친구라고 종종 칭찬했다. 분연이가 나를 보더니 생긋 웃었다. 나도 덩달아 웃었다. 위로와 동지애가 느껴졌다.

다른 친구들의 모습도 눈에 들어왔다. 우산을 쓴 친구들이 있었

빨간 우산, 파란 우산,
비닐 포대 우산이
나란히 걸었던 그 시절이
그립다.

지만, 우산살이 부러져 한쪽으로 기울어진 우산을 쓴 아이도 보였다. 신문을 접어 만든 모자가 비에 젖어 푹 찌그러진 채 손바닥을 펴서 이마를 가리고 가는 친구도 보였다. 모두 절벅절벅 걸으면서도 씩씩했다. 빠른 걸음에 물이 튀었다. 이리저리 팔자걸음을 걷듯 제멋대로였다. 잘못하다간 튀어 오르는 물세례를 그대로 받아야 하니 알아서 피해야 했다. 비닐 포대를 쓰고 있다는 것마저도 잊어버리고 빨간 우산, 파란 우산, 비닐 포대 우산, 신문 모자까지 어우러진 학굣길 풍경이었다.

 한참을 걷다 멈춰 섰다. 찰박거리는 내 발걸음 소리가 들렸다. 마음 가득 화가 차서 걸을 때는 들리지 않았던 소리다. 부드럽다. 참 이상한 일이다. 비료 포대 우산이라고 푸대접한 사실까지 잊었다. 짜증스럽던 마음이 빗방울 소리에 잦아들고 흙탕물이 조금씩 가라앉으며 맑아지듯 기분이 밝아졌다. 눈물까지 차분하게 씻겨 내려간 듯 눈도 맑아졌다. 포대 위로 떨어지는 빗방울에 어머니께 부렸던 투정과 스스로 가졌던 부끄러움까지 말끔히 씻겨 내리기를 바랐다.

 비료 포대가 우산의 역할을 톡톡히 했다. 우산에서 느끼지 못한 새로운 즐거움을 주었다. 발걸음 소리가 재미있었다. 내 발걸음이 장단을 맞추는지, 빗방울이 나를 위해 장단 맞추어 내리는지 리듬감도 있었다. 비닐 포대는 몸집이 작은 나를 온전히 감싸줬다. 가방을 메고 걸을 때 삐뚤거리는 엉덩이까지 보일 듯 말 듯 살짝 가려

주었다. 비가 머리 위로 툭하고 떨어지는 상쾌한 느낌과 조르르 흘러내리는 간지러움도 그대로 느껴졌다. 비 오는 날의 습한 냉기를 막아주니 따뜻했다. 우산을 썼을 때보다 옷이 뽀송뽀송했다. 우산을 들지 않아도 되니 몸이 자유로웠다. 고인 물에다 발을 쑥 담갔다 뺐다를 반복하는 것도 재미있었다. 요즘도 가끔 흥이 오르면 발이 먼저 장단을 맞추며 신명이 나는 건 그때 터득한(?) 것인지 모를 일이다.

시대는 변했다. 꽃비만 내려도 교문 앞에 차들이 줄줄이 대기하는 것이 현실이다. 아이들도 우산 없이는 움직일 생각을 하지 않는다. 통학버스가 집 앞에서 학교까지 데려다주니 그 옛날 비료 포대 우산을 알기나 할까. 그런 상황에 놓이면 함께 걸으며 말이나 걸어줄까. 놀리지 않으면 다행이리라.

빨간 우산, 파란 우산, 비닐 포대 우산이 나란히 걸었던 그 시절이 그립다.

늪의 노래를 듣다

주말 아침 정양늪을 찾는다. 출퇴근길에 멀리서 보기도 하고 가끔 들르기도 했지만, 오늘은 특별히 시간을 냈다. 실타래처럼 엉킨 내 감정의 늪에서 빠져나오고 싶어서다.

늪 입구 '행복 홀씨'라 새겨진 푯말이 반갑다. 이곳을 찾는 이들에게 행복이 홀씨처럼 퍼질 것 같다. 가로등처럼 세워진 꼭대기 연잎 구조물 위에 초롱이 한 마리가 동그마니 앉았다. 느림의 미학을 깨닫기라도 한 듯 다리를 포개고서 세월을 낚고 있다.

늪 위로 부드럽게 구부러진 갈색 데크 길이 햇살을 받으며 꿈틀댄다. 마치 1억 2천만 년 전 뭍에 살던 이무기가 마른 갈대 사이로 스르르 빠져나와 용이 되어 승천할 것만 같다.

늪을 바라보고 선다. 늪은 요란스럽지 않아서 편안하다. 윤슬이

보석처럼 빛나고 멀리 나목 사이로 물안개가 연기처럼 피어오른다. 그 뒤로 병풍처럼 둘러친 산 풍경이 한 폭의 수묵화로 펼쳐진다. 이곳엔 경쟁 속에 아등바등하는 부산스러움이 없다. 고요함이 주는 평화가 펼쳐진다.

늪에 들어서니 잊었던 여유가 마중한다. 해결하지 않은 일들이 많은데 아무 할 일이 없는 것 같다. 데크 길을 한참 걷다가 마주친 빈 의자에 눈이 닿는다. 마음을 비우고 내 이야기에 귀 기울여 줄 인연을 만난 듯 반가운 마음에 배낭을 내려놓고 기대앉는다. 내 모습 그대로를 받아주니 편안하다.

삼월이 오는 것을 아는 듯 온갖 생물들이 기지개를 켠다. 물안개 속에서 펄이 속삭인다. 메마른 갈대 사이를 헤집으며 뽀롱뽀롱 숨을 내쉰다. 황새가 몽총한 아침을 깨우고 느티나무는 늪의 노래에 심취했는지 미동조차 없다. 늪은 언제든 생물들이 머물 수 있는 터전을 내놓는다. 인연을 소중하게 여기며 생물들의 보금자리를 기꺼이 마련해 준다. 된바람도 포근한 늪에서는 숨을 죽인다.

봄이 오는 소리에 큰 기러기가 떠나고 나면 호수는 더욱 고요하겠지. 물 위에 떠 있는 청둥오리는 가만가만 물결 따라 움직인다. 바람이 살며시 물살을 가르며 오리 떼 사이로 길을 내면 잔물결의 이랑은 비늘처럼 출렁인다. 나무 한 그루가 늪 한가운데 섬처럼 서 있다. 홀로 멋스럽다. 습지 동물들의 중간 쉼터로 자신을 내어준 것일까. 내게도 저런 작은 휴식 같은 섬 하나 있다면 한껏 외로워

해도 좋을 것 같다.

 마름 싹이 겨울을 벗고 푸른 새 옷으로 갈아입고 물 위에 떠오른다. 현미경으로 본 눈의 결정체를 닮은 것 같은 마름은 미역 줄기처럼 생긴 물풀의 뿌리에서 살아간다. 봄을 잡고 여름을 키워 늪을 풍성하게 살찌우리라. 가난하던 시절, 손마디만 한 말밤은 허기진 아이들의 간식과 추억을 쌓는 장난감의 몫을 담당했다. 양쪽에 가시가 있는 세모꼴 말밤을 까서 먹으면 밤처럼 고소했다. 한 입이라도 더 먹으려고 손을 부지런히 움직이며 깔깔거렸다. 그 어려운 시절을 지나 사회의 주인으로 당당하게 자기 역할을 하는 당찬 친구처럼 여겨져 눈길이 다시 머문다.

 마른 갈대 위로 목선木船 하나가 늙어간다. 고기 잡는 어부를 태우고 늪을 헤집으며 다닐 땐 신이 났을 터인데 지금은 기력을 잃었다. 갈대 위에서 몸을 말린 지 오래되었는지 만지면 부스러질 듯 위태로워 보인다. 제 역할을 못 하게 된 지금, 세월의 무상함에 눈물조차 말라버렸을까. 목표 의식 없이 세월만 보내는 내 모습 같아 마음이 짠하다.

 물닭은 자신이 오리인 줄 아는지 노는 모습이 앙증스럽다. 봄이 무르익으면 백로는 겨우내 숨겨두었던 장식깃을 맘껏 뽐내겠지. 그 우아함에 찬사를 보낼 날이 기다려진다. 갈대와 부들이 푸르게 싹을 틔우며 층을 이루기 시작한다. 겨울이 봄을 키우고 있었나 보다. 마름이 분홍빛 얼굴을 드러낼 때쯤 늪은 생동감으로 가득하리라.

늪은 황금어장이다. 가물치들이 떼 지어 유영한다. 허리를 숙이고 물에 손을 뻗으면 힘 좋은 놈 하나 건져 올릴 수 있을 것 같다. 어미 품을 떠날 때까지 형제가 서로 의지하는 걸까. 손을 꼭 잡은 듯 나란하다. 물의 파장이 크게 흔들린다. 손바닥만 한 자라는 고개를 빠끔히 내밀었다 숨기를 반복하며 물풀 사이를 요리조리 잘도 오간다.

늪의 다양한 노래를 들으니 마음이 평온해진다. 누구도 자기 목소리를 뽐내지 않고 각자 맡은 파트를 잘 감당한다. 늪이 너른 품으로 모든 것을 품어주기 때문일 것이다. 내 마음의 늪에는 가족과 이웃을 감싸줄 따뜻함이 있는지 돌아본다.

연꽃들이 피어오를 때쯤, 다시 찾으리라. 물속에서 치솟는 개구리 울음소리에 귀 기울이며 내 안의 늪을 가늠해 보리라. 언제나 넉넉하게 품어주는 정양늪에 경건하게 예를 갖추고 자연과 인간의 생명을 이어주는 돌다리도 사뿐사뿐 건너 보리라.

사방에서 흙탕물이 휘몰아쳐 들어와도 묵묵히 받아들이고 정화하는 늪처럼 많은 것을 기꺼이 수용하다 보면 내 안에도 행복 홀씨가 피어나리라. 그런 날을 소망하며 늪의 노래를 듣는다.

해저터널

　지인의 혼사를 축하하기 위해 통영에 갔다. 식사 자리에서 통영 사투리를 구수하게 쓰며 약간은 어눌한 추임새가 매력적인 박 선생이 말했다. 여기까지 왔으니 자신의 차로 토영(통영 사람들이 통영을 사투리로 하는 말)을 안내하겠다고. 정다운 마음에 가슴에 온기가 돌았다. 이럴 땐 내숭 한 점이라도 떨어야 하건만 나는 함께 한 지인들을 졸라 시간을 동여맸다.
　앞뒤가 띠처럼 길게 산으로만 이어지는 산촌에 사는 나에게 바다란 펄떡거리는 물고기의 에너지와 섬사람들의 화끈한 활기가 넘치는 곳만이 아니다. 갈매기 날고 바다 위로 꿈을 띄워 보낸다는 미지의 섬 소년을 아직도 그리며 살아가고 있기 때문이리라.
　선생은 친구가 북경에 가면서 주고 간 차에 우리를 태우고, 요리

조리 내달려 지하도 같은 입구에다 차를 세웠다. 1932년에 완공된 동양 최초의 '해저터널'이라고 했다. 통영과 미륵도를 연결하는 길. 현재는 충무교와 통영대교가 있어 이용객이 많지는 않지만, 동양 최초라는 신비함으로 사람들의 발길이 이어지고 있단다.

언젠가 통영의 정취를 맛깔나게 풀어내는 유영희 수필가의 《옹기의 휴식》에서 읽은 〈해저터널〉 안으로 들어온 것임을 그제야 알아차렸다. 작가의 글을 읽으며, 일본이 우리의 주권과 영토를 빼앗은 것도 모자라, 정신까지 말살하려 시도했던 파렴치함에 치를 떨었다. 이순신 장군 한산대첩의 승전을 읽어 내려가면서는 가슴이 뜨거워졌다. 그때 꼭 한번 가보고 싶다고 생각했던 곳이라 감회가 새로웠다.

나의 기대와는 달리 해저터널 안은 회색 콘크리트 길로 투박하기만 하다. 마치 험한 세상을 헤치고 나온 촌로의 뭉툭한 손마디처럼 거칠고, 단조롭고 무미건조하며 냉랭한 기운만 감돌았다.

자전거를 끌고 가는 아저씨, 무표정한 얼굴로 종이 가방을 들고 가는 남자, 손수레를 끌고 앞만 보며 바쁘게 걷는 아주머니의 큰 짐은 현실의 불황을 무게로 보여주었다. 오늘을 살아가고 있는 우리들의 모습이 엷은 그림처럼 펼쳐지고 있다. 나는 걷다 말고 양팔을 벌려 한 바퀴 빙그르르 돌아보았다. "나라는 빼앗겨도 혼은 잃지 말자."라던 독립투사의 외침이라도 느끼고 싶었던 것이다. 우리의 미래를 햇살처럼 밝게 채우고 싶은 본능이었으리라. 그렇게 한참을 다시 걷다 보니 용문을 지나면 빛나는 곳(일본 제국에 충성)에 이르게 된다는 뜻을 가진 용문달양龍門達陽 현판이 칙칙한 낯빛을 드러내고 있었다. 터널 밖으로 나왔다.

입구에는 젊은이들이 삼삼오오 모여 수다를 떨고 있다. 이들은 터널의 의미를 얼마나 잘 알고 있을까. 이쪽에서 저쪽으로 건너가는 하나의 통로쯤으로 생각할까. 오래된 길이라는 것쯤으로 기억하는 것은 아닐까. 터널의 역사를 거울삼아 애국심을 고양하고 싶은 뒤늦은 열정이 안달로 되살아났다.

집으로 돌아오자마자 〈해저터널〉을 다시 읽었다. 우리의 노동력을 착취해 만들었다는 아픈 역사가 박힌 곳, 저들의 선조들이 몰살당한 현장인 바다 위를 조선 사람들이 지나다니지 못하도록 만든 곳이라니. 그들의 침탈에 유리하도록 나라를 개조하기 위하여 우리의 선조들이 흘린 피땀은 또 얼마란 말인가. 그런 곳에서 현대의 과학적이고 세련된 건축기법을 떠올리며 외형적인 것에 의미를 두었던 나의 짧은 생각이 부끄럽기까지 했다.

터널이 옛 모습 그대로 유지되고 있는 것 또한 깨달음의 역사를 기록하고 있었구나 싶다. 선조들의 한이 서린 구조물이기에 터널은 그런 석연찮음을 내게 전해주었으며, 아픈 역사의 현장을 그대로 보존하는 것이 섣부른 채색보다 더 큰 울림을 준다는 것도 알게 되었다.

유영희 수필가가 쓴 글 〈해저터널〉을 이곳을 찾는 사람들에게 읽게 걸어둔다면 애국심에 불을 지피는 또 하나의 기회가 될 것이다. 젊은이들에게는 목적을 가지고 살아가야 할 불쏘시개 같은 에너지 하나 불어넣어 주기에도 충분하지 않을까. 나 역시 터널 입구에서 찍은 사진 한 장은 나라 사랑의 석방렴으로 삼으련다.

말리 부인을 만나다
― 보시 이야기

꽃등처럼 설레는 마음으로 해인사에 갔다. 만개한 벚꽃 향기에 취해 경내를 거닐다 대적광전 벽화에 눈길이 멈췄다. 그곳에는 백옥 같은 피부를 가진 아름다운 여인이 다소곳하게 무릎을 꿇고 귀공자를 향해 공손히 옷을 내밀고 있다.

나는 벽화를 보며 부처님 시대로 거슬러 올라가 아름다운 말리 동산으로 들어섰다. 드넓은 동산은 사위성에 사는 대부 아약달이라는 바라문의 것이다. 그의 하녀인 황두는 사위성 밖에 있는 말리 동산을 지키는 일을 하고 있었다. 하녀는 마음씨도 곱고 부지런하여 그 동산을 내 것처럼 아름답게 가꾸며 지냈다. 여인은 여느 날과 다름없이 점심으로 먹을 밥 한 덩이를 들고 길을 나섰다. 그때 멀리서 가사를 입고 바리때를 든 사문沙門이 동냥하는 모습을 보았다. 그녀는 자신이 먹을 끼니조차 기꺼운 마음으로 보시하고 동산으로 돌아가 열심히 일했다.

　오후가 되자 날이 무더워졌다. 사위국의 파사익 왕도 군사를 거느리고 사냥을 나왔다가 지쳐 말리 동산으로 들어섰다. 하녀는 범상치 않은 이의 행차 같다고 생각했으나 꿈에도 왕이라곤 생각지 못한 채 일행을 맞이하였다.

　하녀는 자신이 입고 있던 옷을 벗어 바닥에 깔고 그 위에 청년을 앉게 하고 큰 연잎 그릇에 깨끗한 물을 담아 발을 씻게 했다. 그리고 정성껏 물기를 닦아주고 깨끗한 물을 떠다 주며 얼굴을 씻으라고 권했다. 마실 물을 가져다 주고, 피곤해 보이는 그를 위해 팔다리를 주물러 주기도 했다. 파사익 왕은 그녀의 마음씨에 감동한 듯 눈을 감고 생각에 잠기었다.

　파사익 왕은 대부 아약달을 불러 하녀의 몸값을 치렀다. 그리고 그녀를 사위국으로 데려갔다. 황두는 말리 동산에서 왔다 하여 말리 부인으로 불렸다. 말리 부인은 복을 누리면서도 자신에게 어떻게 이런 일들이 일어났을까 늘 궁금했다. 말리 부인은 파사익 왕을 만나기 전 자신이 먹을 끼니를 보시했던 사문이 누구였을까 궁금하여 알아보았는데, 그분이 바로 모든 미혹을 끊고 바른길을 깨치신 석가모니 부처님이었다는 것을 알게 된 후 불심이 더 깊어졌다는 이야기다.

　벽화 속 말리 부인을 가만히 올려다본다. 가녀린 몸매에 마음씨

할머니와 말리 부인을 나란히 떠올려본다.
관념에 집착이 없는 참된 보시란 어떤 것인가를
생각해 보는 순간이다.

또한 비단결같이 고운 여인이 팔다리를 주물러 준다면 그 누구라도 감동하며 피로가 눈 녹듯 사라질 것이다. 굳이 말이 없어도 척척 알아서 해주는 여인이 천녀天女처럼 보이지 않을까. 그토록 총명하고 상냥한 여인을 마다할 남자는 또 어딨을까.

자연에 살면 사람도 자연을 그대로 닮아간다더니 그랬을까. 그는 자신의 삶에 대한 여유를 알고 일하는 재미에 폭 빠질 줄 아는 현명함도 있어 보인다. 가끔은 하늘을 올려다보며 천한 하녀의 신분에서 벗어나기만을 기도했을 것 같은 상상도 해본다.

말리 부인 얼굴 위로 몇십 년 전 은혜 입은 할머니 얼굴이 겹쳐진다. 아버지가 돌아가시고 오빠의 적은 월급으로 우리 삼 남매가 공부할 때였다. 좁은 방에서 새우잠을 자며 어렵게 지내던 어느 겨울날. 친척 오빠가 휴가를 나왔는데 우리 집에서 아침 식사를 해야 한다고 했다. 오빠 월급 하루 전날이라 생활비가 떨어져 반찬이라곤 달랑 무 반 개가 전부였다.

집 앞 교회 종소리가 울리는 네 시 반쯤, 뒤척이다 잠을 깼다. 교회도 다니지 않으면서 나는 무언가를 향해 간절하게 기도했다. 얼마 후 판자로 된 부엌문을 누군가 툭툭 두드렸다. 바람 소린가 했는데 옆방 할머니가 부르는 소리였다.

할머니께 무슨 일이라도 생긴 것인가 싶어 부엌문을 여는 순간 내 눈이 크게 떠졌다. 쟁반에다 반찬 세 가지를 소복하게 담아 오신 게 아닌가.

"학생, 간밤에는 통 잠이 오질 않아 고사리나물과 시금치나물, 미역무침을 만들었어. 추운데 오늘 아침에는 이걸로 먹게나." 말씀 끝나기 무섭게 할머니의 손을 잡고 몇 번이나 감사의 인사를 드렸는지 모른다. 아직도 그날의 기억이 선명하다.

  금강경에 온전한 자비심을 가지고 허공처럼 맑은 마음으로 보시하는 것을 무주상無住相 보시라 했다. 홀로 살던 할머니께서 문풍지 바람을 걷어내며 보시한 것은 아니었을까. 선근善根으로 보시한 할머니는 말리 부인의 환생이었을 것만 같다. 할머니와 말리 부인을 나란히 떠올려본다. 관념에 집착이 없는 참된 보시란 어떤 것인가를 생각해 보는 순간이다. 귀한 시간으로 내 삶의 발자취도 뒤돌아보며 팔만대장경판전으로 걸음을 옮긴다.

연륜에서 배우다

　체기가 있어 병원을 찾았다. 대기실 앞 소파에 할머니 두 분이 앉아 계신다. 의자에 몸을 반쯤 기댄 한 할머니의 배가 유독 풍만해 보인다. 백발의 그 할머니는 체크 무늬 배낭을 무릎 위에 놓았고, 또 한 분은 검은색 가방을 안고 있다.
　조금 후 할머니를 부르는 간호사의 말에 "이거는 우짜꼬?"라며 체크 가방 할머니가 묻는다. 까만 가방 할머니의 대답도 "여기 놔라."라며 무덤덤하기는 마찬가지다. 두 분의 말을 듣고 있자니 웃음이 났다. 서로 편한 사이인 걸 보면 친구일까, 자매일까.
　관절 부딪히는 것 같은 고통스런 소리를 내며 체크 가방 할머니가 간호사 쪽으로 걸어간다. 진료실로 향하는 할머니 뒤에다 대고 까만 가방 할머니가 "새댁, 오늘은 영양제 놔달라고 해라."라고 당부한다.

할머니한테 새댁이라?

그러고 보면 친정어머니도 숙모를 부를 때 '새댁'이라고 불렀다. 그렇다면 두 분은 동서지간일까. 할머니 곁에 앉아 있던 나는 어떤 사이냐고 물었다. 궁금해하는 내게 할머니는 실타래 같은 지난 세월을 풀어냈다.

할머니는 열아홉에 가난한 집 맏며느리로 시집을 갔다. 몇 해 후 진료실로 들어간 할머니를 동서로 맞이했다. 한솥밥을 지어 먹으며 6년을 살다 분가를 시켰다. 살림을 내보내는 데 챙겨줄 게 없었던 그때의 절박함이란 말로 다 할 수 없다며 고개를 흔들어댄다. 그렇지만 원망하지 않고 한동네에서 일흔이 넘도록 돌담 하나를 사이에 두고 동고동락했다. 동서와는 다섯 살 차이지만 50년이 넘도록 함께 지내다 보니 이제는 친자매처럼 의지하고 산다며 가방을 쓸어내린다.

동서가 없는 살림 사느라 고생을 많이 했다고 한다. 그래서인지 자주 아픈 것이 늘 짠하다는 형님의 진심 어린 마음이 느껴진다. 주고받는 대화가 무덤덤하다고 생각했는데 디딤돌처럼 마음을 여물게 키워내며 살아온 연륜 있는 어른들의 표현이었던 게다.

인생살이도 물길 같은 내리사랑이라는 것을 잊지 않으려 무던히도 애를 썼단다. 그래서인지 조카들과도 자식처럼 정을 나누고 산다며 은근히 자랑이다. 요새는 아들 며느리가 놀러 가자고 해도 걸음걸이가 불편해서 못 간다고 한다. 치아가 시원찮으니 둘이서 구미에 맞게 끓여 먹고 사는 게 맘 편해서 좋단다. 이가 없으면 잇몸으로 산다고 하더니 두 분도 그렇게 붙어 지내는가 보다.

젊은 엄마는 어디가 아파서 왔느냐고 할머니가 물었다. 체증 때문이라고 하니 '꼭꼭 씹어 먹지, 내가 뺏어 먹을까 그리 급했냐.'는 우스갯소리를 한다. 순간 전광석화처럼 무엇인가 뇌리를 스쳐갔다.

급하게 먹으면 체하는 것이 어디 음식뿐이겠는가. 물처럼 흘려보내지 못하고 감정의 둑을 쌓는다면 마음도 체하지 않던가. 내 좁은 마음의 방에 너무 많은 것들을 들여놓은 것은 아닌지 생각해 본다. 분노의 빨간불을 오래 켜두고 있지나 않았는지, 울분에 쌓여 듣지 못한 일은 없는지 꼭꼭 가슴을 눌러도 본다.

오래 묵어 곰삭아야만 깊은 장맛이 나듯이 사람과의 관계도 그런 것 같다. 그때 진료실 안에서 "형님도 요새 힘이 없던데 온 김에 영양제 맞고 가자."라는 소리도 애틋하다. 심심해서 저러는 거라며 입가로 피워내는 순한 웃음이 하회탈을 닮았다. 서로 흉허물 덮어가며 사는 게 행복이라는 두 분의 삶을 아름다운 그림으로 오래 간직하고 싶다.

아리스토텔레스가 인간이 선하고 탁월하게 되는 데는 본성, 습관, 이성이라고 했다. 그런 걸 보면 화창한 봄날 아침 나는 탁월한 조건을 갖춘 인생 철학자들을 만난 게 분명하다. 아니다. 꼭 철학자가 아니더라도 연륜에서 묻어나는 두 분의 대화에서 나를 돌아보는 시간을 가졌으니 인생 공부를 확실하게 한 게 틀림없다.
 체크 가방 할머니가 큰 병이 아니길 빌며 병원을 나선다. 날씨처럼 마음도 가벼운 날이다.

멸치론

언니가 통영 특산물 멸치를 보내왔다. 손가락 한 마디만 한 게 맛있어 보여 얼른 가스 불에 프라이팬을 올리고 청양고추와 호두를 넣고 멸치볶음을 만들었다. 또 멸치 우려낸 육수에 표고버섯을 갈아 넣고 우거짓국을 끓었다. 남편이 맛있다며 그릇을 비웠다. 멸치를 이용한 행복한 저녁 만찬이었다.

멸치 때문일까? 갑자기 친정어머니 생각이 났다. 초등학교 시절엔 친한 친구들 끼리끼리 둘러앉아 도시락을 먹곤 했다. 당시 제일 인기 있는 반찬은 단연 계란말이였다. 그런데 어머니는 도시락에 콩장 조림과 멸치볶음을 자주 싸주었다. 철이 없던 나는 계란말이를 싸달라며 반찬 투정을 부리곤 했는데, 멸치 반찬도 어머니가 큰 맘 먹고 챙겨주었다는 것을 나이가 들어서야 알게 되었다.

멸치는 작지만 대단한 녀석들이다. 한 마리일 때는 보잘것없는 존재이지만 뚤뚤 뭉치면 상상을 초월할 정도로 힘이 세지는 것 같다. 언젠가 TV에서 멸치잡이에 관한 프로를 본 적이 있다. 멸치 무리가 흩어져 유영할 때는 존재가 아주 미미했는데 한데 뭉쳐 움직이니 거대한 물체처럼 보였다. 전설 속의 바다 괴물 '레비아단'이 아닌가 하는 생각마저 들 정도였다.

멸치를 가득 잡은 그물을 육지로 끌어올리던 어부들의 비지땀 흘리는 모습도 그려졌다. 볼락이나 돔 같은 어종들은 낚시로도 잡을 수 있지만, 멸치는 워낙 작아 낚시로는 어림없다. 떼를 지어 다니는 멸치를 잡으려면 사람이 협동하여 그물을 던지고 끌어올려야 한다. 얕잡아 볼 수 없는 대상인 것이다.

우리의 식탁에 꼭 필요한 멸치는 국물 맛을 맛깔나게 해주고 칼슘과 단백질로 건강까지 챙겨준다. 잔치에 반드시 등장하는 국수는 멸치 육수가 제격이다. 겨울이면 연례행사처럼 만드는 국민 밑반찬이 김장 김치다. 여기에 멸치젓갈을 뺀다는 것은 경상도에서는 상상도 할 수 없다. 그렇게 만들어진 풍성한 김치는 겨울에서 길게는 봄까지 우리의 식탁을 책임진다.

묵은김치로 만드는 돼지고기 찌개나 고등어 조림 등 다양한 조림과 찌개 요리 역시 멸치젓으로 숙성된 김치여야 맛이 더 난다. 김치전, 김치볶음밥도 멸치젓이 숙성시킨 김치가 있기에 가능하지 않을까.

인간이 멸치만큼이나
누군가에게 저 자신을 던져 베풀 수 있다면
지금보다 훨씬 따뜻하고
정이 넘치는 세상이 될 것이다.

멸치잡이 영상 엔딩 장면에 흘러나오던 제주도 민요가 뇌리를 맴돌았다. 인터넷으로 제주도 민요 〈멸치 후리는 노래: 멜 후림 소리〉를 검색해 보았다. 역동적인 가락으로 불리는 이 민요는 멸치 그물을 잡아당기는 동작과 밀착되어 있다.

어어야뒤야 어기여뒤라/ 동계코는 응그문여에/ 서계코는 소여군에 그물 부치곡/ 추자안골 사서 안골궤기/ 농겡이와당에 다 몰려놓곡/ 압궤기는 선진을 놓곡/ 뒷궤기는 후진을 노라/ 베 테우에 놈덜아/ 우베리를 살짝 들르라/ 한불로 멜 나간다/ 당선에 망선에 봉기를 꼽아/ 우리 옛 조상덜 허던 일들/ 잊어불지말아 되살려보자/ 풍년 왓구나/ 농겡이와당에 돈풍년왓구나/ 어어야뒤야 어기야뒤라

제주도 노랫말을 이해하지 못한다고 하더라도 그물에서 멸치를 털어내는 장면이 생생하게 그려지지 않는가. 나는 그 영상을 본 후론 멸치를 작다고 무시하지 않게 되었다. 또 우리에게 온몸을 던져 베풀고 있는 혜택을 생각하며 '멸치도 생선이냐?'는 우스갯소리도 삼가게 되었다.

인간이 멸치만큼이나 누군가에게 저 자신을 던져 베풀 수 있다면 지금보다 훨씬 따뜻하고 정이 넘치는 세상이 될 것이다. 현대인들은 대부분 큰 사람, 강한 사람이 되기를 원한다. 바닷속에서 큰 물고기는 포식자들이다. 인간 사회에서도 큰 사람, 강한 사람은 포식

자와 같은 행동 양식을 보인다. 누군가의 것을 빼앗아 내 것을 키우고 강한 척하면서 약자를 괴롭힌다.

꼭 누군가를 짚어 말할 것도 없다. 나 자신은 누군가에게 베풀려고 생각해 본 적이 있었는가? 내 남편, 내 자식 그리고 이웃들에게 진국이 되려고 노력한 적이 있었던가? 자기중심적인 생각으로 불만과 투정을 앞세우지는 않았던가?

곰곰이 생각해 보니 가슴 시린 사람에게 따끈한 국물 같은 사람, 굶주린 사람에게 포만감을 주는 사람이 되려고 노력해 본 적이 없었던 것 같다. 멸치에게조차 부끄러워지는 나 자신이다.

멸치는 자신을 던져 모든 생명체를 부양하는 큰 고기다. 오늘도 저녁 식탁에 매콤달콤한 멸치볶음과 멸치 육수로 된장찌개를 끓여 올리고 가족들 사이에서의 내 역할을 생각해 보련다.

한국의 히로시마

경남 합천을 '한국의 히로시마'라고도 한다. 이렇게 불리게 된 것은, 제2차 세계대전 중 일본 히로시마와 나가사키에 투하된 원자폭탄 피해자 중 한국인의 70%가량이 합천 출신이었기 때문이다. 피폭으로 가슴 아픈 고난의 세월 45년이 흐른 1996년에야 합천읍 대야로 991번지에 겨우 그분들의 작은 보금자리 '원폭피해자복지회관'이 마련되었다.

1940년 당시 히로시마에서는 "한국인을 만나면 고향을 묻지 마라."라는 말이 만연했다. 피폭 피해자 대부분이 일제강점기의 강압적인 수탈과 강제 노역 등으로 일본으로 건너간 합천 출신이었기 때문이다. 인권조차 유린당한 채 굶주림과 혹독한 고생에 내몰렸던 그들의 삶이 결국 고통과 상처로 얼룩지고 만 것이다.

말로 도무지 통하지 않는 최악의 상태가 되면 '폭탄을 던져버린다.'라는 공격적인 말을 쓰기도 한다. 더는 참을 수 없다는 한계를 상대에게 알리는 표현이다. 태평양 전쟁 당시 미국이 일본에 대해 항복을 요구했으나 받아들여지지 않자 폭탄을 투하한 사건을 빗대어 생겨난 말 같기도 하다.

제2차 세계대전 당시 일본이 1억인 총 옥쇄를 외치며 미국에 저항했다. 미국은 일본인의 소멸과 국가의 존속이 위협받아야만 일본이 항복한다는 결론을 내리고 1945년 8월 6일 오전, '리틀보이(우라늄235)'를 히로시마에 떨어뜨리고 사라졌다. 애당초 지구상에 리틀보이는 존재하지 말아야 하는 물건이었다. 그러나 무지한 인간이 저지르는 전쟁 목적에 사용되었음을 증명이라도 하듯 거대한 폭발의 충격파는 수많은 건물을 붕괴시켰다. 그것도 모자라 번쩍하는 순간의 빛은 사람들의 시력을 앗아갔으며 고열은 그들의 온몸에 화상을 입히고 말았다.

원자폭탄으로 모든 게 다 타버리고 그 충격으로 하늘로 날아오른 재는 비와 섞여 '검은 비'로 내렸다. 하늘에서 내리는 '검은 비'를 처음 접했을 때의 당황스러움은 생각만으로도 몸이 떨린다. 마른하늘에서 갑자기 소낙비가 내리기만 해도 놀라는데, 하늘에서 내리는 비가 검다는 걸 목격한 사람들의 황망함은 어떠했을까. 사흘 뒤 8월 9일 오전, 미국 폭격기가 '팻맨(플루토늄)'을 나가사키에 떨어뜨리고서야 제2차 세계대전은 종전되었다.

그것이 핵폭탄 전쟁이 주는 후폭풍의 시작이었음을 어찌 상상이나 했겠는가. 미국의 두 차례에 걸친 원폭 투하로 피폭자는 히로시마 74만, 나가사키 30만 등 총 백만여 명에 달했고, 두 곳에서 피폭을 당한 한국인들은 히로시마 7만, 나가사키 3만 등 총 10만여 명에 달했다니 통탄할 노릇이다. 총 10만여 명에 달하는 한국인 원폭 피해자 중에서 합천 사람이 약 70~80%에 달했다니 얼마나 끔찍한 일인가.

한국의 히로시마인 합천 원폭 자료관에는 전쟁의 참담함을 잊지 않고 다시는 있어서도 안 될 그날을 기억하기 위해 자료를 보관하고 있다. 그들의 사연은 힘없는 국력의 뿌리가 햇살이 내리쬘 때를 기다리는 처절한 몸부림으로 다가온다. 자신의 의지와는 무관하게 일본 히로시마에서 태어난 김도식 할아버지는 1945년 소학교 3학년 때 피폭되었다. 8월 6일 이사하기 위해 집에 있었는데 원자폭탄이 떨어진 것이다. 그 후 귀국했지만, 가족이 모두 암에 걸려 생사를 달리한 사연은 무서운 피폭 후유증을 증명해 준다. 또 김씨 할머니는 일본 교토에서 태어나 두 살 때 히로시마로 이사하여 살다 1944년 합천 출신 남편과 결혼하고 이듬해 피폭이 되었다. 아침밥을 먹고 설거지를 하는데 번쩍하는 섬광과 굉장한 폭발음에 집이 폭삭 무너지며 온 가족이 건물 더미 아래에 깔려버렸다. 불빛을 찾아 겨우 밖으로 기어나왔을 때, 사방에는 주검이 널브러졌더라는 것이다. 또 원자폭탄에 가족을 모두 잃어버리고 90세가 되었다는 피폭 할머니까지. 그들이 겪은 생생한 상흔이 명치끝을 후빈다.

원폭 피해자 2세 김형률 씨의 병약한 외침이 담긴 '나의 질병은 역사의 것입니다.'라는 글을 읽은 적이 있다. 그의 어머니는 다섯 살 때 히로시마에서 피폭되었고 이후 본국으로 돌아와 일란성 쌍둥이를 낳는데 동생은 죽고 형률 씨만 살아남았다. 서른 살이 될 때까지 자신을 괴롭힌 병의 정체를 알지 못하다가 원폭 피해에 관한 의학 논문에서 자신이 '선천성 면역 글로불린 결핍증' 환자임을 알게 됐다. 태어날 때부터 면역력이 망가지는 희귀병이 원폭 피해를 입은 엄마로부터 대물림된 것이다.

그 후 그는 원폭 피해자들을 위한 인권운동을 펼치며 "원폭 피해자에게도 인권이 있습니다."라는 외침으로 피해 환우 500명을 찾아냈다. 피해자 지원을 위한 특별법안 마련 운동도 펼쳤으나 병마를 이기지 못하고 34세의 아까운 나이로 세상을 떠나고 말았다. 그가 생애 마지막 순간까지 매달렸던 피폭지원특별법은 13년이 지난 2017년에야 통과되어 1세들 의료비 지원이 가능해졌다. 눈앞의 냉혹한 현실이 바위산 같을지라도 실낱같은 희망의 끈을 놓지 않은 그의 집념이 결과를 이룬 것이다.

복지회관 뒤뜰에는 위령각을 세우고 혼령들을 모셔 놓았다. 살아서 돌아오지 못했거나 이곳에서 생을 마감한 피해자의 위패가 여름 햇살을 받아 뜨겁다. 영령들의 영원한 안식과 고인의 정신을 기리며 묵념을 올리는 눈가가 붉어진다. 1997년 일본 시민단체 태양

회가 세우고 위령제 비용도 한동안 부담한 적이 있다고 적혀 있지만, 흡족하지 못한 역사 앞에 애가 끓어오른다. 나라 잃은 백성은 설움을 당하기 마련이다. 나라가 힘이 없어 죽은 목숨이나 다를 바 없이 온갖 고통을 겪다가 돌아왔다. 그 고통은 피폭자라는 낙인도 모자라 조국을 버리고 도망간 친일파 취급을 받기도 했고, 피폭 피해 사실이 알려지면 취업에 불이익을 당했기에 일본에서의 생활보다 고국에서의 생활이 더 힘들었다니 그분들의 억울함이 파르르 한 줄기 바람으로 스친다.

이곳 합천 '원폭피해자복지회관' 입소 대상자가 한때는 600명 이상이었지만, 일본의 사죄도 받지 못하고 거의 대부분이 돌아가시고 지금 남은 피해자는 100여 명이란다. 피폭 후유증이 심한 피해자들은 사망하고, 후유증은 상대적으로 덜하지만 각종 노인성 질환을 앓는 피해자들의 고통이 삶의 질을 무너뜨리고 있다. 이에 대한 제대로 된 보상이 이루어지고 후손들의 잔인한 내림은 여기에서 끝이 나기를 비각 앞에서 간절히 두 손을 모은다.

변곡점

퇴직 일 년 전부터 퇴직 후 어떻게 살 것인가가 화두였다. 평생 해온 일을 그만두어야 한다는 아쉬움과 수입이 끊어진다는 두려움이 마음을 복잡하게 했다. 끝은 시작의 맞물림이라는 말에 의지해 보지만, 정년은 내 인생에서 중요한 변곡점이 될 것이다.

퇴직하면 무엇을 할 것인지 버킷리스트를 작성해 보았다. 우선 나 자신을 위한 휴식 시간을 가지리라. 누구에게도 구속받지 않는 자유를 만끽하며 귀밑머리 스치는 바람과 흘러가는 구름을 보며 사색에 젖고 싶다. 혼자서 영화관에도 가고 대형 서점에 들러 책 향기에 빠지는 풍요도 누려 보련다. 집 안 곳곳의 오래된 물건을 정리하는 일도 해야겠다. 그런 다음 제주도로 떠나 한 달 살아 보기를 하면서 글밭 일구는 일에만 푹 빠지고 싶다. 세밀하게 생각을 정리하다 보니 의외로 하고 싶은 일들이 많았다. 그렇게 퇴직 후를 생각하던 지난가을이었다.

지인이 퇴직을 조금 앞당기고 새로운 일을 시작해 보는 게 어떠냐는 제안을 해왔다. 조건도 좋았다. 일 년에 서너 달만 고생하면 되니 시간적 여유도 있고 정년이 없는 곳이라며 적극적으로 권했다. 그렇게 좋은 자리가 내게까지 올 리 있겠느냐고 했으나, 일단 서류를 접수해 보란다.

우선 근무지 교장 선생님께 의논을 드렸다. 이 선생을 보내야 하는 일은 아쉽지만 좋은 일이라고 했다. 학교에 있으면서 여러 사람이 퇴직하는 것을 보아 왔고, 그들의 퇴직 후 생활도 눈여겨보았단다. 불과 십여 년 전만 해도 명예퇴직은 조심스러웠고, 대개의 선생님 또한 지금의 자리를 공고히 굳히려 했다. 그러나 백 세 시대로 접어든 현대 사회는 하루가 다르게 변하고 있다. 먹고사는 일도 중요하지만, 진정으로 본인이 원하는 일을 해보고 싶은 사람이 많은 게 현실이다. 당신도 얼마 남지 않은 퇴직 후가 고민이라 했다. 그런 면에서 보면 이 선생은 행운일 수 있으니 학교 일은 다음 사람에게 넘겨주고 도전해 보라는 게 아닌가. 학기 중간에 퇴직을 생각한다고 책임감 없는 사람이라 책망할 줄 알았는데 격려해 주니 감사한 마음으로 용기를 냈다.

학교에서 전문 상담사로 일했지만, 새로운 직장에서는 직업 상담사로 일하게 되면 나름대로 의미도 있을 것 같았다. 상담사가 갖추어야 할 자세를 바로 알아차린다면, 대상이 청소년에서 어른으로

퇴직 후 그렸던 달콤한 그림들을 조금씩 수정하고 있다.
내가 조금 불편해도
누군가에게 득이 되는 일이고 편리해진다면
기꺼이 감당하리라는 힘도 생겼다.
잘못 판단한 일이라고 생각했던 일은
내 인생에서 중요한 변곡점이다.

바뀌는 것 외에 달라지는 것은 없다고 여겼다. '사람이 하는 일인데….'라는 가벼운 생각을 한 것도 있다. 그것이 얼마나 순진한 생각이었는지를 깨닫기까지는 결코 오랜 시간이 걸리지 않았다.

내가 하는 일은 도시의 남는 일손을 모집해서 숙식 및 차량까지 제공하고 관리하며, 농가가 원하는 날짜에 인력을 작업 장소에까지 배치하고, 그에 따른 제반諸般 문제를 해결하는 건 기본이고 행정적인 일까지 책임져야 하는 일이었다. 결국 전천후 인간, 만능 인간을 원했던 곳이었는데, 깊이 알아보지 않고 듣고 싶은 말만 귀에 담은 현명치 못한 내 처사 탓이었다. 매일 농가와 인력을 포함해 100여 명에 가까운 사람을 효율적으로 배치하여 농번기 일손 부족에 도움이 되도록 하는 일은, 집중하지 않으면 상황이 헷갈려 다음 날 일에 지장을 초래하고 만다.

사업의 목적은 참 좋았다. 일손 부족한 농촌의 어려움을 지자체가 나서서 도와주는 일이었다. 농가에 필요한 인력을 수급해 주고, 비용 일부까지 예산을 확보하여 지원하는 것이다. 치솟는 인건비 상승 억제는 물론 농가의 경제적인 부담까지 덜어주니 농촌에 꼭 필요한 사업이었다. 그러나 그 어려운 일의 모든 책임을 내가 져야 한다는 사실은 태산이 앞에 놓인 것처럼 막막했다.

날이 밝기도 전부터 시작해 시도 때도 없이 전화벨이 울려대니 농민들이 일어나는 새벽 다섯 시면 어김없이 출근해야 하고, 종일 각종 사안을 정리하다 보면 밤 열 시가 되어서야 퇴근을 한다. 농번기에는 주말이나 공휴일을 찾는다는 건 호사스러운 꿈같은 일이다. 산더미처럼 쌓이는 일은 세상에 공돈은 없다는 걸 깜빡 잊고 깐죽댄 나를 비웃는 것 같다. 회계會計는 식은땀을 손에 쥐게 하며 모르는 업무는 젊은이들에게 신세를 져야 하니 동료들이 감내할 불편함에 쥐구멍에라도 숨고 싶은 심정이다. 전공과 전혀 다른 일에 맞닥뜨린 것이다. 깊은 잠을 이루기도 어렵고, 잠이 들어도 업무가 서툴러 헤매는 꿈을 꾸다 눈을 뜨기 일쑤였다.

고통도 시간이 가면 익숙해지는 법. 죽을 것처럼 힘든 시간이 점차 일상적인 일로 받아들여졌다. 농부의 발걸음 소리를 듣고 자란다는 작물들은 수확 철이 되면 탐스럽다. 아기 손이라도 보태야 할 농촌 일손 부족 문제에 대해 조금이라도 도움 주는 일을 한다는 것에 대해 차츰 자부심도 생겼다. 죽을 만큼 힘든 시간이 보람으로 다가오기 시작하는 데는 마음의 중심을 어디에 두느냐였다. 이기적인 생각으로 자신만 바라볼 때는 모든 일이 불만이었다. 그러나 상대를 나의 입장으로 바라보니 똑같은 상황들이 기쁨으로 다가왔다. 이 과정은 어쩌면 나를 단련하는 과정인지도 모른다.

퇴직 후 그렸던 달콤한 그림들을 조금씩 수정하고 있다. 내가 조금 불편해도 누군가에게 득이 되는 일이고 편리해진다면 기꺼이 감당하리라는 힘도 생겼다. 잘못 판단한 일이라고 생각했던 일은 내 인생에서 중요한 변곡점이다. 주름진 농민들의 얼굴에 밝은 웃음꽃이 시들지 않기를 기도하는 시간이 길어진다.

그 남자가 사는 법

 살다 보면 담판을 지어야 할 때가 있다. 그게 오늘 같은 날이다. 전화를 걸어 자기 할 말만 하고 끊어버리는 황당한 일을 당했다.
 차를 몰고 꼬불꼬불한 시골길을 달리며 그와의 인연을 떠올려 본다. 어느새 봄, 겨울을 다섯 번이나 보내고 맞이하는 농번기다. 그는 첫 대화부터 휴대 전화로 자신의 빛깔을 선명하게 새겼다. 말을 더듬거리며 날짜와 사람 수만 말하고 전화를 끊었다. 인력난이 심각한 현실이라는 걸 모를 리 없는 농가에서 사람을 맡겨 두었다 해도 이렇게 당당할 수는 없다 싶었다. 하지만, 말을 더듬는다는 이유로 그의 무리한 요구를 들어주었던 내 상담 방법이 처음부터 잘못된 것이었다.
 위기 상담을 하던 때, 말을 더듬거리는 내담자를 만나면 "최대한 천천히 말해도 된다."라고 말하고 기다려 주었다. 마음이 편안해졌기 때문일까. 내담자는 상담 회기가 더해갈수록 발음이 정확해지기도 하고 말을 더듬는 증세가 줄어드는 경우가 있었다. 그래서 그에게도 말을 다할 때까지 기다려 준 것이 무례해도 된다는 무언의 허락으로 오인한 것인지, 이제는 일방적으로 자기 할 말만 하는 게 아닌가. 내 불찰이니 만나서 확실하게 말해 주는 것이 좋을 것 같았다.

'원칙을 고수하며 일을 해야 한다.'라고 말하려는 내 마음이 불편한 건 첫 만남의 기억 때문이다. 낡은 가방 하나를 들고 사무실에 들어서던 그는 누가 일러주지 않아도 홀몸 노인 이름표를 단 것이나 다름없었다. 단벌 신사의 고독함이 턱지덕지하고, 이가 많이 빠졌으며 남은 이조차 뻐드렁니로 보는 사람이 더 민망할 정도였다. 더듬는 말은 조급한 마음을 표현하는 것 같았다. "자~~ 자~~ 인력을 줘서 고마웠소."라며 다 부스러진 건빵 한 봉지를 주머니에서 꺼내 책상 위에 올려두고는 사무실을 빠져나갔다. 그런저런 일들을 떠올리며 30분을 넘게 달려 그 남자가 일하는 논을 찾아 차를 세웠다.

농로에 세워진 그의 트럭이 눈에 들어온다. 앞 범퍼가 찌그러져 페인트가 벗겨진 채로 꽤 긴 세월이 흐른 듯, 바람에도 옆 문짝이 덜덜거리는 소리를 내지른다. 차 안은 노끈, 비닐 뭉치, 비료, 물병, 약통, 파이프, 종잇조각, 간식 봉지, 호미, 괭이와 삽 등 수십 가지가 넘는 물건들이 무질서하게 뒤엉켜 있다. 녹슨 차가 내는 소리는, 그의 폐부에서 뿜어져 나오는 거친 숨소리 같다. 그 소리는 온 힘을 다해 그 남자를 지키려는 몸부림 같다. 차나 사람이나 벌집 들쑤셔 놓은 듯 어설프기는 피장파장이다. 길고 덥수룩한 머리에 모자를 눌러쓰고, 옷은 헐렁하게 겨우 엉덩이에 걸쳐진 채로 펄렁거린다. 지푸라기 뭉치를 엉성하게 세운 듯한 그 남자는 멀찌감치에서 미안한 듯 나오는 눈도 마주치질 못하고 엷은 미소만 지을 뿐이다. 나 역시 들끓던 심경은 꼬리를 감추었다. 마늘 심을 곳을 눈대중하고는 바지라도 두꺼운 것을 입고 일을 하지 그러냐고 다 그쳤다. 묘한 동정심을 불러일으키는 쓰러질 것 같은 그에게 쌀쌀한 말은 차마 던질 수가 없어 "앞으로 신청서는 꼭 내줘야 해요."라는 말만 남기고 논두렁을 걸어 나왔다.

  트라우마를 겪었다는 분분한 이야기만 부유물처럼 떠다닐 뿐 그에 대해 정확히 아는 사람은 아무도 없다. 억울한 사기를 당해 이상해진 것 같다는 말이 들리는 걸 보면 자신의 환부를 드러내지 못한 생채기를 어눌한 말로 감쌌을까. 숨 고를 새 없이 살아온 날들을 도난당한 당혹감에 허망하여 넋이 나간 건 아닐까. 혼자서 삭이다 그 안에 갇혀버린 분노와 타협한 최선의 수용이, 뼈 빠지게 일만 하며 용서하자고 맹세한 것인지 도무지 알 수 없다.

  인간의 존엄성을 보장받아야 할 그 남자에게 행복은 얼마나 가까이 있었을까. 주름진 그 얼굴에서 60대 후반의 청춘은 멀리 달아

난 지 오래인 것 같다. 인간의 운명을 좌우하는 세 가지 불행 중 첫째는 부모를 잃는 것이요, 두 번째는 중년의 상처이며, 셋째가 만년의 무자식을 꼽는다던데, 어느 것 하나도 피하지 못했단 말인가. 캥거루도 뛰어놀다 위협을 느끼면 엄마의 배 '육아낭'에 들어가는데, 그가 서러울 때면 누가 있어 그의 편이 되어주었을까. 가족이 없다면 사회적인 복지라도 받고는 있는 걸까. '원래 저런 사람이야.'라고 치부해 버린 아픈 현실은 아닐까. 성실하게 살려고 노력하지 않고 사회 문제를 일으키는 사람에 비하면 그는 남에게 바라지 않고 스스로의 힘으로 살아보려 애쓰는 대단한 사람이지 않은가.

  사람은 그에게 상처를 주지만 자연은 그에게 평화를 줬을지도 모른다. 그러기에 날마다 허리 굽혀 흙과 함께 살아내는 것은 아닐지. 다른 사람들은 그를 부족한 사람이라 탓하지만, 그가 누굴 원망하는 걸 본 적이 없다. 일할 사람을 보내면 그들에게 고맙다는 인사도 빠뜨리지 않고 인정을 베푸니, 아주머니들도 자발적 동정심이 발동하여 자기 일처럼 힘을 모은다. 그는 이미 남을 원망하는 감정은 탁한 기운으로 몸과 마음에 쌓여 더 무거운 업을 지을 뿐이라는 진리를 아는 것일까. 돌아오는 차창 너머로 묵묵히 대인大人의 길을 걷고 있는 그 남자가 빙긋이 웃고 있다.

경남산문선 093

별것이 다
추억이 되고
그립다

이동실 수필집

1쇄 펴낸날 2025년 2월 14일

지은이 이 동 실
펴낸이 오 하 룡

펴낸곳 도서출판 경남
주 소 창원시 마산합포구 몽고정길 2-1
연락처 (055)245-8818
이메일 gnbook@empas.com
출판등록 제1985-100001호(1985. 5. 6.)
편집팀 오태민 심경애 구도희

ISBN 979-11-6746-172-8-03810

ⓒ이동실

＊잘못된 책은 바꿔 드립니다.
＊저자와 협의 인지 생략합니다.

〔값 15,000원〕